狭い家でも
「ゆとりある暮らし」は
仕組みが9割

整理収納アドバイザー
みくろママ

三笠書房

プロローグ

我が家は3DK（55㎡）に家族6人で住んでいます。
ホント、狭い!!
でも、工夫次第で、ゆとりをもって、
とても快適に暮らせるものです！

はじめまして
みくろママ
です

みなさん、こんにちは。「みくろママ」こと上山《うえやま》広《ひろ》美《み》です。

広島で整理収納アドバイザーとして、整理収納講座やお片づけ訪問サポートをしています。

現在は、賃貸アパート55㎡の3DKに家族6人（夫婦＋高校生から小学生までの子ども4人）で暮らしています。家族6人で55㎡となると、やっぱり狭い（笑）!!

でも、部屋が狭くても、子どもがいても、工夫次第で**「空間」のゆとり、「心」のゆとり、「時間」のゆとり**を感じながら、快適に暮らすことは可能です。これを、究極のＥＣＯ」と名づけて楽しんでいます。

育ち盛りの
４人の子どもたち。
仕事に家事。
それでも楽しく、
心地よく！

長男は高校２年生、長女は高校１年生、次男は中学２年生、三男（末っ子）は小学２年生です。

こうお話しすると、みなさん驚いて、

「ミニマリストなんですか？」

「スーパー主婦ですね！」

「どうやって寝ているんですか？」

などと言われます。


私はミニマリストではありません。

それどころか、**我が家は子どもが4人もいるので、とてもモノが多いです。**

また、スーパー主婦でもありません。どちらかというと、面倒くさがり屋で、**しなくてもいい家事はできるだけしない**タイプです。

そして、家族全員、ちゃんと横になって寝ています（笑）。

これが、
みくろ家の
間取りです

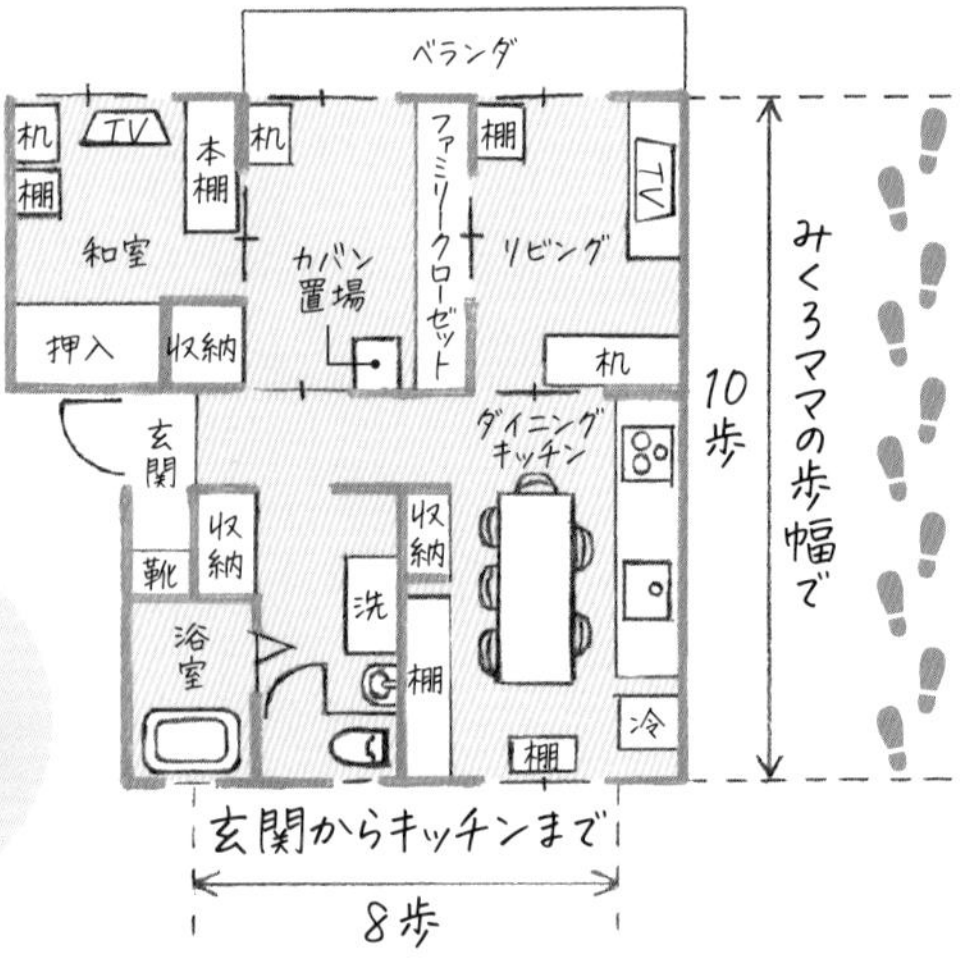

我が家のリビング。モノが少なくて広く見えますが、実際はとても狭い（笑）。我が家は端から端まで、私の短い足で 10 歩もあれば到達できてしまう……。

ちなみに、「みくろママ」の名前の由来は、身長が 146㎝しかないことから。そう、“ミクロなママ” なんです。

「広いとかえってモノは片づかない」と実感。あえて、このコンパクトな家を選んだら、メリットがたくさん！

かつて子どもがまだ1人だったころ、家族3人で80㎡を超えるマンションに住んでいたこともあります。当時は、いくつもある大きな押入れやクローゼットに、いつか使うであろうモノや思い出の品々を次々に収めていきました。

しかし、何がどこにあるのか把握するのも大変だったり、週末の掃除に手間がかかったり……**人が管理できるモノの量には限界があって「なんだか生活しづらいなぁ」**と感じるようになりました。家族3人には十分すぎるほどのモノを、時間と労力をかけて一体何のために管理しているんだろう……と疑問に思ったのです。

そうして9年前、**あえて今のこの「コンパクトな家」を選んだのです。**それからずつと、過去13回に及ぶ引っ越しと、整理収納アドバイザーとしての経験で培《つちか》ったテクニックと知識を駆使しながら、快適に暮らしています。

狭い家のほうが掃除がラク。

持てるモノの量に制限があるので必然的にモノと向き合うことができる。

家族とも距離が近く、お互いの様子が分かる。……

「狭い家」にはメリットがたくさんあります。

反対に、お片づけ訪問サポートにうかがうと、たとえ家が広くても、快適とはほど遠いお宅もたくさんあります。

また、部屋数がたくさんあっても、モノがあふれて誰も寄りつかない〝開《あ》かずの間《ま》〟になってひと部屋丸ごと潰れていることもあります。賃貸であれば、このひと部屋分少ないところに引っ越せば、家賃が安くなるケースも（たとえば2万円の差額でも、年間にして24万円！）。

ここでみなさんにハッキリお伝えしておきます。

「今より広いところに引っ越せば、きっと快適な暮らしが送れるだろう♡」は間違いです！

6人分のモノでも「仕組み」さえつくれば、無理なく収納できます！

両壁に板を立て、そこに市販の棚受けレールを取りつけて棚をつくりました。これなら賃貸でも壁を傷つけずに自分の好みの棚を DIY できます。そこにニトリのケースを並べています。

6人分の布団が収まります。
中が一度に見渡せるように、ふすまを外してカーテンに。
7割収納で取り出しやすく。

家族全員の服を
まとめるとスッキリ
ファミリー
クローゼット

1カ所に家族6人分の服をすべて収納。

本当に必要なモノだけに絞った暮らしは、驚くほど快適です！

ダイニングの
クローゼット
重要書類は
1カ所管理

日用品のストックは
“指定席”に入る分だけ。
買い過ぎを防げる。

すべての部屋を「24時間フル活用」！

狭い家で快適に暮らすために、**「どの部屋も最大限・フル活用」**するのが、みくろママ流。**固定観念にとらわれない「空間の使い方」**が必要です。

たとえば、部屋をそれぞれ子ども部屋や夫の書斎など、**誰か個人のものに固定してしまうと、その人がいない間、その空間はムダになってしまいます。**同じように、客間をつくると、お客さんがいないときは〝開かずの間〟に。年に数回しかない来客のためにガマンするなんてもったいない！　1つの役割に固定しなければ、1つの部屋が勉強部屋にもなり、家族が集まる場にもなり、寝る場所にもなります。**我が家は家全体がフリースペース。**朝・昼・晩、24時間、家全体をフル活用しています。

リビングの
フリーデスク
リビング学習で
宿題がはかどる

DIYで
私がつくりました
2人用

天板は赤松の集成材をホームセンターで。全部で約2万円ほどかかりましたが、思い描いた理想の机ができました。

家事シェア。1人でやるより2人、2人でやるより3人。家事を〝家族事《かぞくごと》〟として、家族みんなでやる

リビングとダイニングの掃除を任された末っ子。最近では鼻歌を歌いながら掃除機をかける姿も様になってきました。そして、掃除機をかけ終えたら、「お母さん、気持ちいいね～」と言ってくれます。

我が家では毎朝、出かける前の10～15分間、暮らしを整える時間として、家族全員（夫も含む）に家事を担当してもらっています。

子どもに任せると、「見守るのが大変だし、逆に手間がかかってイヤ」という方もいるかもしれません。「お手伝いより勉強をしてほしい」という考えもあるでしょう。

我が家は家族が多いので、１人ひとりが家のことをしてくれないと毎日がスムーズ

お手伝い

学校に行く前「10 分間の掃除機がけ」が末っ子の習慣です。

に回らないというのもあります。

　でも、家事を家族みんなで行なう一番大きな目的は、**子どもに「生きる力」をつけてもらうこと**です。自分がラクできるというよりも、「情操教育の一環」ととらえています。**「家事力」は、親が子どもに与えられる〝一生モノの財産〟です。**

　私は、子どもたちにお片づけやお手伝いを通して様々なことを学んでもらう「お片づけ共《きょう》育《いく》」にも力を入れ、講演会などでもお話ししています。

「仕組み」と「声かけ」で驚くほどお子さんが変わります。「子どもに自分のことは自分でできる仕組み」を、「家族のことは家族でできる仕組み」をつくっていきましょう！

家事の質は落とさず効率化。負担が劇的に軽くなる「ロジカルな家事」！ケンタッキーフライドチキンで学んだことを、家庭でも実践してみた！

「タオルは家に何枚ありますか？」――整理収納レッスンの最初にみなさんに質問します。みなさんは、こう聞かれて即答できますか？

ちなみに、我が家にはタオルが32枚あります（理由は後ほどご説明します）。

企業でいう**「在庫管理」**で、「どれくらいあれば不自由なく使い回せるか」、必要数を**数字できちんと把握する**ことは、家の中でもとっても大事です。「いちいち面倒ください！」「厳しすぎる！」と思われるかもしれませんが、**いったん把握してしまえば、その後のモノの管理はぐっとラクになります。**

モノを数字で把握する習慣は、結婚前に働いていたケンタッキーフライドチキンで

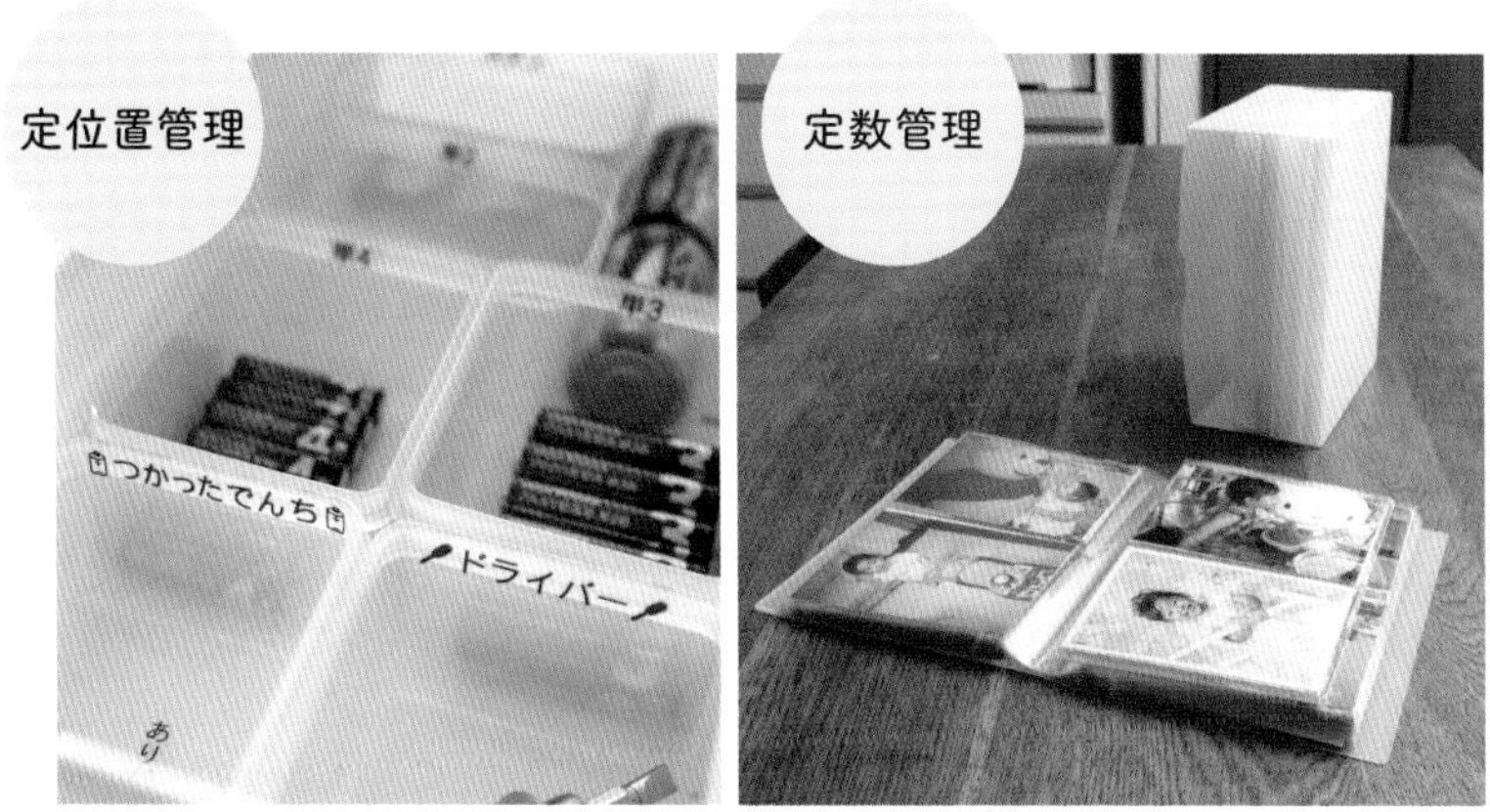

子どもでもどこに何があるか分かるように「ラベリング」（左）。
写真は無印良品のアルバム1人1セット分（408枚）まで（右）。

身につきました。

当時私は「人・モノ・金」がスムーズに回るようにマネジングを任されていました。ファストフード店では、今日入社してきた人でもすぐに動けるように、**「声かけ」**や**「仕組み」**が必要です。お客さまに素早く商品を提供しなくてはならないので、**動作・動線に合わせた場所に、取り出しやすいようにモノを収納する。そこから出て行く消費量に合せて在庫を補充する。**これって、整理収納の理論とまったく同じなんです。

みくろママ流家事の基本は、**効率のいい動線や在庫管理、声かけ、そしてルーティン掃除**など、ファストフード店で学んだことがベースになっています。具体的で効率的な方法です。取り入れられるところから試してみてください。

家事も収納も背伸びしない！「終わりなき家事」のハードルを高くしているのはあなた自身？

家事と仕事の両立に困っていませんか？

ひとりで頑張りすぎて疲れていませんか？

家事に多くの時間を奪われ、笑顔が消えていることはありませんか？


毎日を快適に暮らすためには「家事」は欠かせないものです。我が家は4人子どもがいるので、掃除、洗濯、料理、すべてが大ボリューム。

でも、そもそも家事をする意味は何でしょう？

私は、**家事は「暮らしを豊かにして、家族を笑顔にするもの」**だと思っています。

家事に頑張りすぎて時間に追われ、笑顔を失っては本末転倒です。だから、この本では、完璧な家事は目指しません。**「上手に力を抜きつつ、時間をかけずに、素敵に暮らせる家事」についてお話ししたいと思います。**

ムダな家事、ムダな動きを省く。

優先順位をつけて、24時間の使い方を工夫する――。

現在の「コンパクトな家」を選んだのも、掃除が圧倒的にラクで早く終わるから。早く終わった分、自分の時間や子どもとの時間にあてることができます。

目指すのは「家事の時間を短くする（時短）」ことだけではありません。**「人生の中で大切にしたいことに費やす時間を産み出す（時産）」家事（＝時産家事《じさんかじ》）**です。

「終わりなき家事」のハードルを高くしているのはあなた自身ではないですか？

自分を苦しめてしまったり、家族に優しくなれないくらいなら、ハードルをぐんと低くして、笑顔で飛べるくらいにすればいいのです。

今までなんとなくやっていたことを思い切ってやめてみる。

自分だけで抱えていたことをちょっとだけ誰かに任せてみる。

何かをやめたり、お願いすることに罪悪感なんて覚えなくていい。その分いっぱい感謝をすればいいのです。


私らしく、楽しく生きられる方法を見つけた者勝ちです。

家事も収納も背伸びしない。笑顔でできる方法を選んでください。

子育ても家事も仕事も趣味も、笑顔で手抜きしながら楽しみたい。

忙しくて疲れてしまったあなたも、一緒に、幸せを感じられる暮らしを手に入れてみませんか。

「幸せは感じた者勝ち」です！

大切な人と過ごす時間こそが人生を豊かにしてくれる！

家族みんなが笑顔でいられる「仕組み」づくり始めましょう！

コミュニケーションの一環として家事をできるだけ家族で一緒に行ない、できなかった（あふれた）家事は「すきま時間」にすませています。

CONTENTS

2章

心のゆとりを生み出す「時産家事」

「思い込み」を手放して家事の手間を劇的にカット！

3章

「持ちすぎない」から片づけがラク！

モノを絞り込んでスッキリ暮らす！「捨て方&収納ルール」

4章

子どもの能力を伸ばす！ママにゆとり、子どもに自信！「お片づけ＆お手伝い共育」

5章

家族6人分の書類だって問題なし！「みくろママ流書類管理」

「おうちのポスト」で提出物出し忘れ防止

編集協力◎柳原香奈
写真撮影◎塩谷隆三
写真撮影協力◎原口真理子
写真提供◎みくろママ
本文ＤＴＰ◎宇田川由美子
本文イラスト◎福田玲子

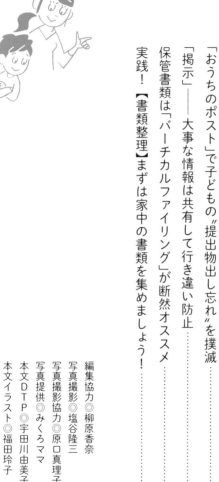

1章

今すぐ役立つ「空間の活用法」

「狭い家でも、子どもがいてもゆとり」は、「仕組み」が9割！

「丁寧な暮らし」をしている余裕はないけれど、心地よく過ごしたい！

「丁寧な暮らし」。憧れます。できたらいいですよね。

我が家の実態は——。ある朝は、中高生の子どもたちが慌ただしく学校に行ったと思ったら、末っ子にドリンクを顔にぶちまけられ、髪もベタベタ、メイクも髪もやり直し。遅刻ギリギリなのに、車に乗った途端「トイレ！」。

季節を大切にし、手づくりを楽しみ、こだわりの逸品を愛《め》でる……。そんな丁寧な暮らしとはほど遠い私の毎日！　まぁ、毎日いろんなことが起こります。

探しモノがなく、10分あれば部屋が整う。これが今の「我が家の理想の暮らし」。**短時間で片づくと分かっていれば、部屋がグチャグチャでもイライラしない。**モノが散乱していても、またいで通るだけ。心にゆとりが生まれ、家族にも優しくできます。

家族が使っていると
24時間キレイとは
いきません。

10分後

「我が家の理想の暮らし」＝「探しモノがなく、10分あれば家中が整う」

私が今一番大切にしているのは「子どもや夫と向き合う時間」。それを第一に考えると、あきらめなければならないことはたくさんあります。今は、**丁寧な暮らしよりも、快適な暮らし。**そして今は広い家よりも、コンパクトに暮らせる空間が我が家にはぴったりなのです。

毎日のように「片づけなさい！捨てるよ！」と、怒りたくないけど怒っているお父さん、お母さん。**「心のゆとりが生まれる仕組みづくり」**、一緒に始めてみませんか？

おもちゃは「全部出しても10分で片づけられる量」まで

狭い家でも快適に、心にゆとりを持って暮らすためには、前述したように**「片づける時間を把握して、いつでもリセットできる仕組み」**をつくっておくことがポイントです（詳しい仕組みづくりはこれからご説明していきます）。

とくに小さい子どもはおもちゃや絵本をいっぱい出して遊びます。実際に**家族が活動しているときは散らかるのは当たり前。**「散らかさないで！」とイライラしていては、自分も家族も楽しくありませんね。

たとえば、末っ子がまだ幼かったころは、**「おもちゃは10分で片づけられる量まで」**と決めていました。そのために、どのくらいの量なら10分で片づけられるのか、末っ子と一緒にストップウォッチで実際に計りながら何度か試してみました。

また、私たち親も、大きい子どもたちも同じ。散らかしてもいいけれど、使った後は必ずリセットすること。

①ご飯を食べる前、②学校（会社）に行く前、③寝る前の、一日に3回のタイミングで、リセットして片づけるのが我が家のルールです。

この棚に収まる量なら、
全部出しても
10分で片づけられる！

10分で

楽しく遊んだあとは、必ずリセットして片づけます。10分以内に下の写真の状態に。

忙しい人こそ、「1軍のモノ」だけに囲まれて暮らしましょう

「時間が足りない！」と嘆いている人こそ、毎日のように使う〝**1軍的な存在**〟**のモノだけを選び、それ以外の2軍、3軍を一回手放す時間をとっていただきたい。**

整理収納を仕事にしている私でも、モノを大量に持っていては快適な暮らしはできませんし、片づけてもリバウンドする自信があります。

まずは**モノと向き合いましょう。暮らしと向き合う、自分と向き合う。このような時間はとても大切です。**今の状態でずーっと突っ走っていても時間は生まれません。一度立ち止まってベースをつくる必要があります。

とくに、家族に家事をしてほしいと望んでいる方は、家族にお願いする前に、まずはどこに何があるか、適正量、買い方（補充の仕方）などを共有することが必要です。

たとえば、どこに何があるのか分からないキッチンでは、他の家族はお手伝いしづ

基本食器は家族6人分のみ。食器が足りないときは、グラタン皿や取っ手の取れるフライパンなどもフル活用します。

らいし、説明するのも大変ですよね。自分自身が管理できずに分からないものは、家族にもまったく分からないし管理ができないはず。

本当に必要な1軍のモノだけに絞れば、家事シェアの導入はとてもスムーズになります。

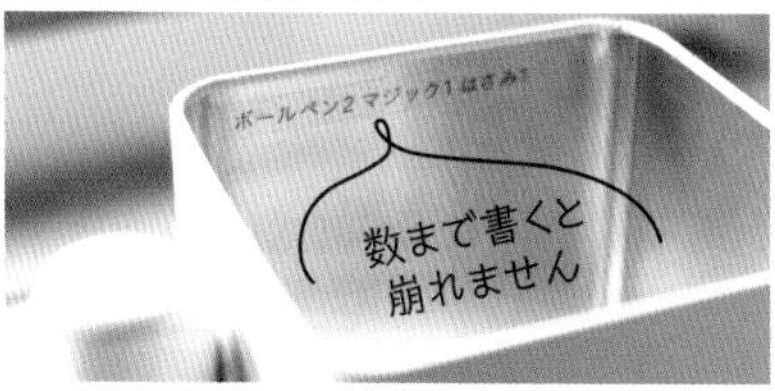

ダイニングに置く文房具も1軍のみ。
ラベリングで定位置・定数管理。

家事が断然ラクに！「間取り」はこだわって選びました

今の家を選ぶとき、狭いスペースだからこそ、譲れない条件がいくつかありました。

1つ目は、**共有スペースに収納がついている**こと。3DK賃貸ですが、ダイニングにクローゼットがついています。2つ目に**洗面所に収納がある**こと。3つ目に**家族全員分の布団がしっかり入る押入れがある**こと。

「**動線**」も重要なポイントです。快適な暮らしに外せないのが「**洗濯動線**」と「**帰宅動線**」です。洗濯物をいかに短時間で干して、しまうことができるか、また、帰宅後ランドセルや書類などいかにラクに片づけられるか、動線を考えながら選びました。

また、私には子どもと一緒に料理をしたいという強い希望がありました。そのため、調理台のすぐ後ろにテーブルを置いて、作業台として使えるような間取りを選びました。テーブルを作業台として使い、家族みんなで楽しく料理をしています。

✕ 快適ではない洗濯動線とは……

たとえば、1階で洗濯して3階で干して2階のリビングでたたむ。その後各自の部屋に運ぶ。

○ 快適な洗濯動線とは……

たとえば、洗濯は乾燥機に頼り、同じフロアーの隣接するクローゼットにしまう。我が家は洗面所のスペースが狭くドラム式乾燥機は断念。すぐ近くのベランダに干します。ハンガーに吊して干し、そのまま収納。残りは家事シェアで対応します（80ページ）。

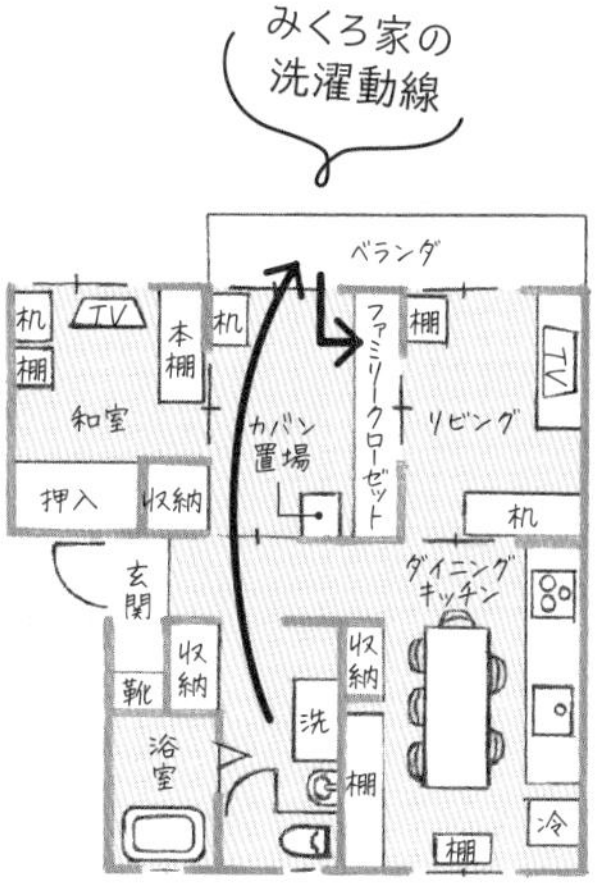

「食器を洗い→拭いて→しまう」作業も家族でワイワイできるのがうれしい。

家族6人分の洋服を1カ所で管理「ファミリークローゼット」

冒頭で述べたように、かつて広い家に住んだことがあります。そうすると、収納スペースも増えるので、それに従ってモノもどんどん増えていきました。モノがいっぱいあると、管理も大変、時間も取られるので自分がいっぱいいっぱいになってしまい、心の余裕がありませんでした。当時の私の頭の中は8割を家の管理のことが占め、残り2割でしか家族のことを考えられていなかったと思います。

そこであえて今の狭い家を選び、当時5人分のモノを**工夫して管理していこう**と決断したのです。その工夫のひとつがこれからご紹介する**「ファミリークローゼット」**です。ちなみに今の私の頭の中は、4割家族、4割仕事、家の管理は2割程度です。

個人の洋服はそれぞれ個人の部屋で収納しているご家庭が多いでしょう。我が家では、**洋服やバッグは、全員のものを同じスペースで保管しています。**ここを「ファミリークローゼット」と呼んでいます。**「分散型」ではなく「集中型」の収納**で、一部屋にまとめて6人分の衣類を管理しています。

ファミリークローゼットのメリットの1つは、**「洗濯との連携のよさ」**です。

我が家では、洗濯物をしまうのも家族全員でやっています（80ページ）。

ファミリークローゼットは、洗濯物を干すベランダに一番近い部屋にしています。そうすると、家族全員が洗濯物を取り入れて、しまうまでの動線が短くなり、使いやすくなります。

また、**衣替えも、一緒にみんなでまとめてやりたいので、クローゼットをまとめるとラクチン。**家族全員の総量も把握できるので、洋服の増えすぎも防げます。

私の実家は、それぞれの部屋にタンスがある、いわゆる「分散型収納」をしていました。子どものころは、母が取り入れた洗濯物をいつもタンスにしまってくれていました。母はとても大変だったと思います。

しかし、いかにラクにして「子どもと向き合う時間を増やすか」ということを考えると、**「分散型」よりも「集中型」のほうが時間が生み出せる**のではないかと、今の形になりました。

我が家のファミリークローゼット。市販のハンガーラックを購入してつくりました。ファミリークローゼットは、**「動線」に適った場所につくる**こと。備えつけのウォークインクローゼットは動線が悪いことが多いので、使わないモノのたまり場になりがち。おすすめは、玄関と洗面所とリビングの中間。外に干す場合は、ベランダも近ければなおよしです。

引き出しは「フィッツケース」（天馬）を使用。基本はハンガーで吊す収納ですが、下着やパジャマなどはこちらに。引き出しの中は多少、整っていなくてもOK。迷子がなければ問題ありません。整っていないことにイライラしないように、ケースの前に壁紙シールで目隠しを。

全部公開します！
我が家の「収納4大スペース」

3DK、55㎡の狭い我が家。我が家が狭いのにスッキリ見えるのは、**できるだけモノを集約しているから**かもしれません。

メインの収納スペースは4つ。①洗面所の脇にあるクローゼット、②ダイニングのクローゼット、③和室の押入れ、④ファミリークローゼットの部屋のクローゼットです。

玄関そばの洗面所脇にあるクローゼットの存在はかなり大きく、部屋を選ぶ決め手にもなりました。主に、日用品のストックを置いています。洗面所で毎日使うヘアケア用品や洗面台の上に置き去りになる個人のモノを人別ボックスに入れて置いています。収納ボックスはニトリ。元々あったクローゼットの両脇に板を立てて可動棚にしてみました。ダイニングのクローゼットは保管書類や工具や電池、救急箱など。家族でよく使うモノが収まっています。

① 洗面所脇のクローゼット

「これ、どこにしまえばいいかな?」が大集合!

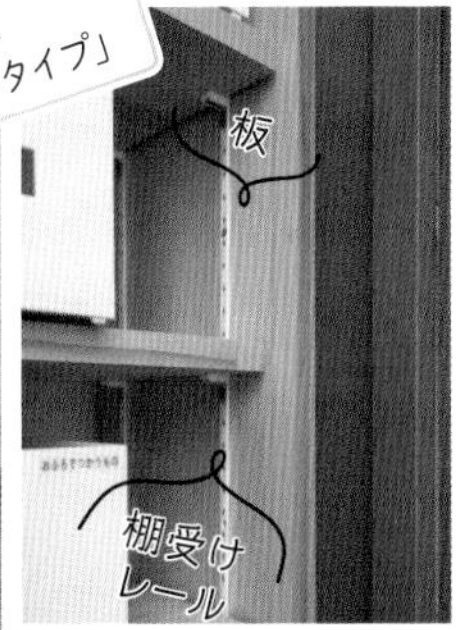

中段は、両壁に板を立て、そこに市販の棚受けレールを取り付けて棚をつくりました。そこにニトリのケースを並べています。

上・中段

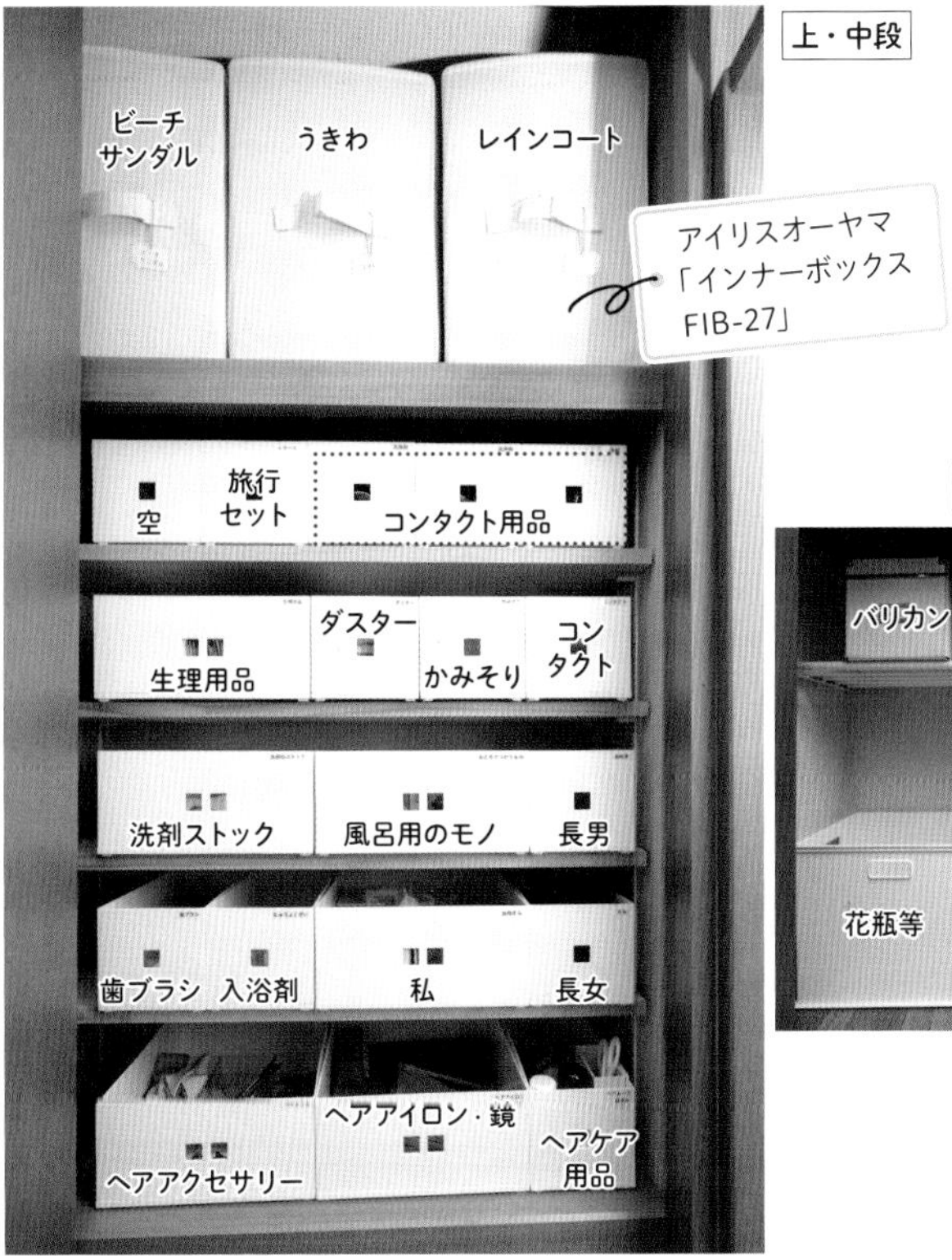

下段

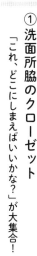

②ダイニングのクローゼット
家族でよく使うモノはここに！

ダイニングに
つい置きっぱなしになる
モノは、この棚に

上・中段

子どもでもどこに何があるか分かるよう徹底的にラベリング。よく一緒に使うドライバーや使い終わった電池の置き場もつくります。

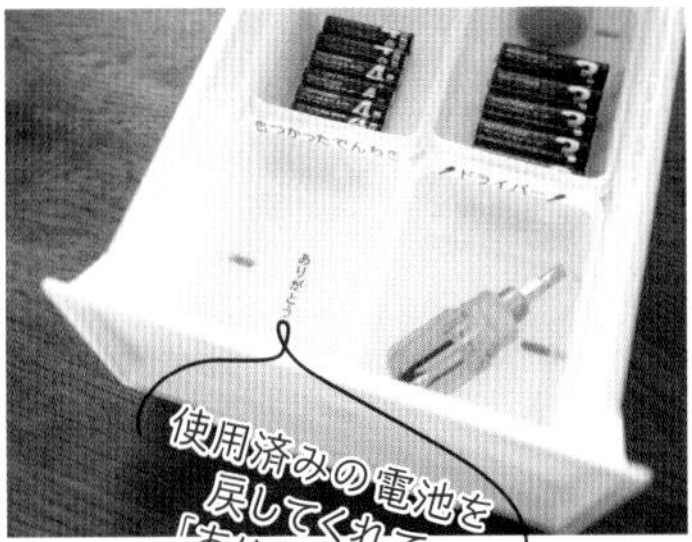

使用済みの電池を
戻してくれて
「ありがとう」！

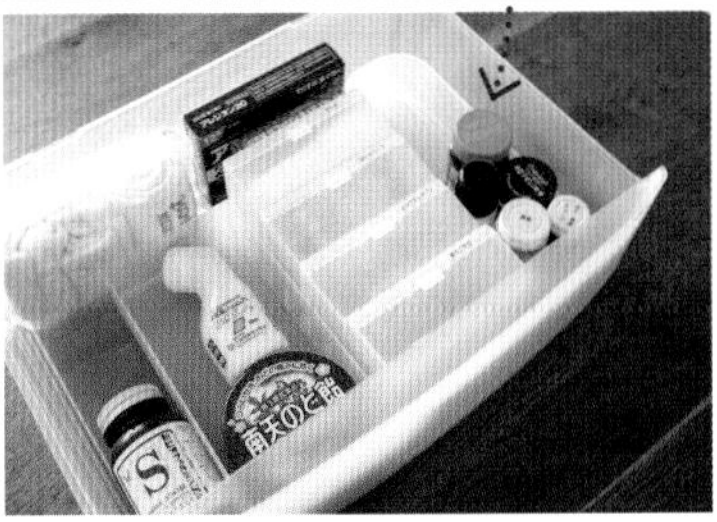

下段

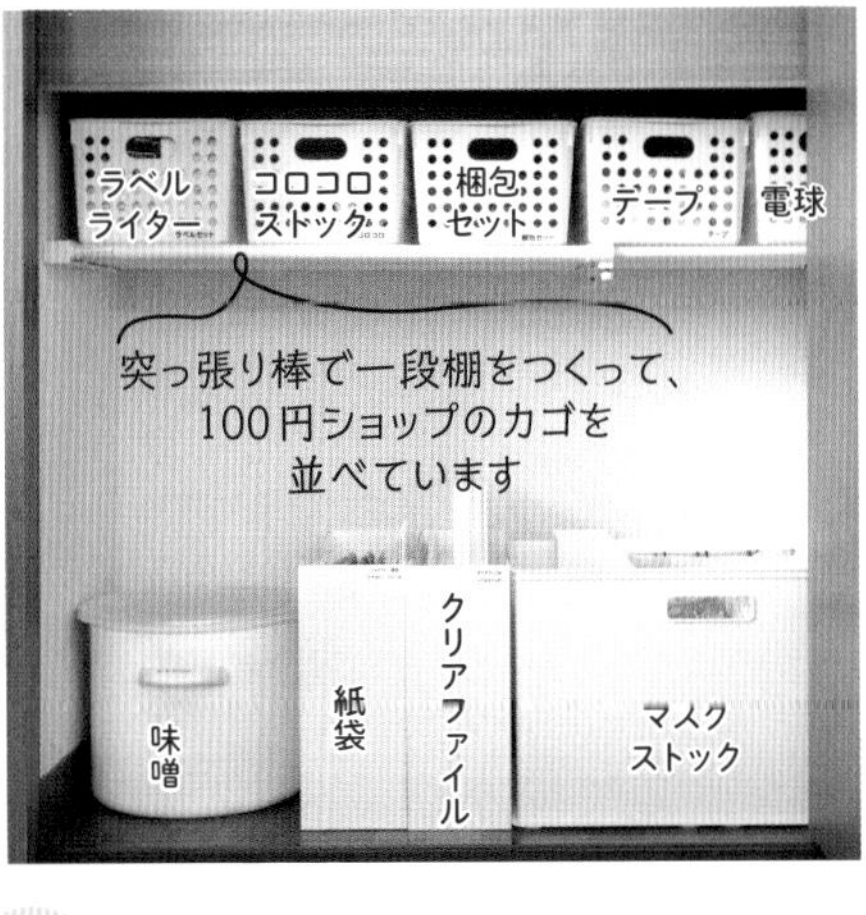

突っ張り棒で一段棚をつくって、
100円ショップのカゴを
並べています

③和室の押入れ
6人分の布団が入ります！

手軽に奥のモノが取れます

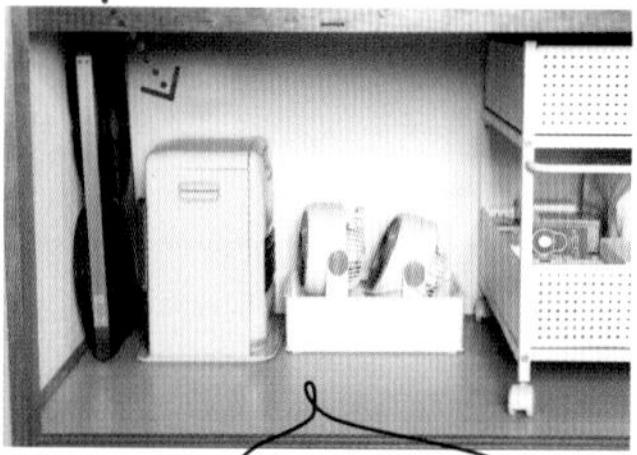
奥
奥はこうなっています

ふすまを外し、突っ張り棒に100円ショップのフックでカーテンを付け、中を見える化。下はキャスター付きケースを使い、奥の出し入れしにくい場所には季節用品をしまいます。

④ファミリークローゼットの部屋のクローゼット

私の仕事関係のモノが中心です！

上段

下段

「空っぽ」の収納ケースは、人から借りたモノ、売るモノ、譲るモノなどの一時置き場になります。

わが家の「寝床」事情
――不便さを感じたときこそ「家事効率化」のチャンス！

現在は、長男と次男は「ファミリークローゼット」と呼んでいる部屋で、リビングに私と夫と末っ子が寝ています。長女が1人女の子というのもあり、4・5畳の和室を1人で使っています。小学校2年生の末っ子は、ときどきお兄ちゃんたちと寝たいと移動することも。ベッドではないので比較的自由に寝られます。

寝具は、高反発のマットレスに敷きパッドを敷いています。**いわゆる敷布団は使いません。**下にカーペットやラグを敷いているので冬場でも寒くありません。もちろん、旅館のお布団のようなふかふかさはありませんが、そこは**寝具が少ないラクさを選んだと割り切っています。**

冬の掛け布団も使わないことにしました。今の家に引っ越してきたときに、5人分の布団が入る押入れがあるというのが決め手でした。けれど、掛け布団がどうしてもかさばって、**出し入れしづらい**のです。冬場は薄手と厚手の毛布を2枚重ねて寝ています。あったかいし、**とにかく扱いやすい**んです。

敷布団がないと言うと、たいてい驚かれます。けれど、**「家にあって当たり前」**というモノでも、扱いにくい、しまう場所がないなど不便さを感じているようでしたら、**固定観念を捨て、一度手放してみるのもいい**でしょう。意外となんとかなるもんです。

家事の面倒くささは、ちょっとした「不便なこと」が積み重なって大きなストレスになります。

「不便なこと」をそのままにしないで、改善を重ねることも大事です。それが家事の劇的な効率化を生むのです。

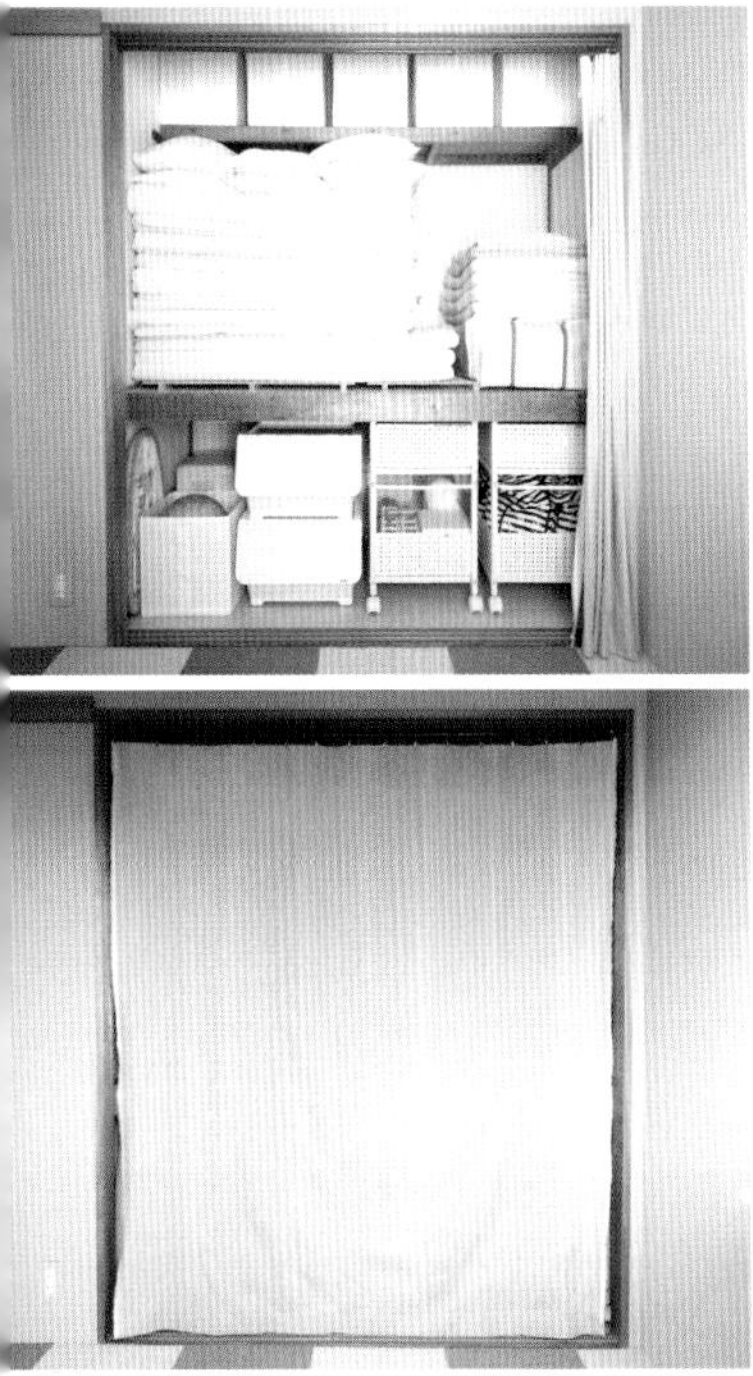

布団は押入れの上段に、6人分が収まる（上写真）。普段カーテンは開けっ放しで来客時に閉めて隠します（下写真）。

「フリーデスク」を採用中！
──「自分で学習環境を選べる」と主体性が育つ

4人も子どもがいると、

「学習机はどうしているんですか？」

ともよく聞かれます。

狭い家には学習机を4つも置けませんし、そもそも学習机は意外と大きくて場所をとられます。お片づけ訪問サポートでお客さまのご家庭におうかがいしても、子ども部屋の大半を学習机とベッドが占領しているケースを見かけます。

我が家では発想を変え、**誰が使ってもOKな「フリーデスク」を採用しています。**

最近は、オフィスでもよく取り入れられているシステムですよね。

4・5畳の和室に1つ、ファミリークローゼットの部屋に1つ。リビングには2人腰かけられるデスクを用意しています（テレビの横にもちょっとしたスペースがあります）。後は、ダイニングのテーブルも食事以外のときには勉強机になります。

どの机も**「誰かの専用」ではありません。**

誰が使ってもいいのですが、ルールが１つあります。

使った後は公共施設のように机の上をキレイに元に戻すこと。次の日に使うとしても、必ずいったんリセットします。

もちろん、子ども専用でもありません。子どもたちが学校に行っている間や使わない時間は、私も夫も使います。

その日、どこを誰が使うかは、子ども同士が話し合って決めるので、もめることはありません。「今日はこういう勉強をするので集中したい」という人は、和室のフリーデスクで扉を閉めきって使ったりします。

でも、基本はみんなワイワイすることが好きなので、ダイニングテーブルで横に並んで勉強していたりします。

高校生の子どもたちは、公民館の勉強スペースを利用したりもしています。公民館や図書館など公共施設も上手に使えると選択肢は広がりますね。

ファミリークローゼットの部屋のデスク。折りたたみ式。私が ZOOM をするときにリビングに持っていったり、娘の友人が勉強しに来たときは和室に持っていったりします。布団を3枚敷きたいときは折りたたみます。

和室のデスク。サイズ奥行 60 ×幅 90 ×高さ 71㎝。
隣の棚は長女の学習教材、教科書や参考書など。

勉強できる場所は4つあります

リビングのデスク。2 人分。
サイズ奥行 60 ×幅 140 ×高さ 47.5㎝。

リビングのテレビ台にパソコンが使えるスペースをつくりました。

学習机は本当に必要ですか？

それぞれの学習机を置かなかった理由は、スペースの問題だけではありません。私も小さいころ、普通の大きな学習デスクを持っていましたが、使いこなせていませんでした。机の上に趣味のモノを並べたり、振り返ってみると**「一番勉強に集中できない環境」**だったなと思います。

お片づけ訪問サポートにおうかがいしたご家庭でも、お子さんの学習机の上はごちゃごちゃやモノであふれていて、机の中も趣味のモノがたくさん入っている。教科書や参考書、文房具など必要な勉強道具が迷子になっていることも。

「学習机は学校に通いだしたら必要」という概念を一度捨ててみてください。本当に使いこなしている方は意外に少ないなと感じます。実際にお片づけ訪問サポートをしたご家庭では、ほとんどの方がフリーデスクに変更されます！

学習教材も
1カ所にまとめる

子どもたちの学習教材は和室につくった棚にひとまとめにしています。

普段は
取り出し
やすいように

ニトリの
ファイルボックスを
くるりと回転

来客時は
スッキリ!

学習教材は、普段使うときは上の写真のように中身が見えるようにしていて（上）、来客などがあったときは、くるりと返してスッキリ（下）！

「リビング学習」は集中できない？

これまで狭い家のメリットをお伝えしてきましたが、もちろんデメリットもあります。とくに新型コロナでの自粛生活中は、常に人が家にいて、密度が高くなっていました。お互いにイラッとすることもありました。

でも、**近くにいるからこそ、子どもたちが何を考えているかもわかりやすい。**家事などをするときには、ぱっと声をかけやすい。３ＤＫに部屋が分かれていても、家族が一緒の部屋に集まっている時間も長くて、コミュニケーションが取りやすいのが、コンパクトな家のよさだなと思います。こうして家族とひっついて暮らせるのも子どもたちが独立して家を出てしまうまでですしね。

ひとり部屋で集中して勉強しないとはかどらないのでは、という考えもあります。みんなが一緒ということは、頑張って集中しないといけません。けれど、実際に社会

どんな環境でも目の前のことに集中できる子に育ってほしい！

に出ると、同僚と隣の席でパソコンを並べて仕事するのが普通で、ひとりだけの空間で、という状況は少なくなります（リモートワークなどで今後変わるかもしれませんが）。

他人がいると集中できずに、イライラする社員が多い、という話も聞きます。**まわりがどんな状況だろうと集中できることこそ大事**だと思います。

我が家は隣で騒がしくしていても、自分のことに集中できるように育っているなと感じます。

子どもたちはそうやって集中力を養っていくのだと思います。

2章

心のゆとりを生み出す「時産家事」

「思い込み」を手放して家事の手間を劇的にカット！

暮らしの中で「一番優先したいこと」は何ですか？

毎日コツコツ家事をしていても、いつの間にか洗濯物は山積み、お腹を空かせた家族が待っている……。

「終わりのない家事」にうんざりすることもありますよね。**効率化を図ったり、あきらめるところはあきらめたりすることは絶対に必要**です。

あれもこれも大切にしたい。でも、限られたリソース（時間や能力、お金など）で、すべてをかなえることは当然できません。

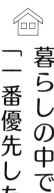

まずは、**暮らしの中で「これだけは譲れない」というものの〝絶対順位〟の上位5つくらいを書き出してみましょう。**

ある方は、「家族とのふれあいが1位。2位が健康的な食事です」と。けれど現状は、料理へのこだわりが強く、かなりの時間を使っていて、子どもと過ごす時間は少なかったのです。

そういう場合、一品減らしたり、お総菜に頼る日があってもいいんです。最優先したい**「家族とのふれあいの時間を確保すること」を意識すると、手間や時間をかけなくていいことが見つけやすくなります。**

さらに、「ああ、総菜に頼ってしまった」なんていう罪悪感もなくなります。

私の場合、たとえば調味料をオシャレな容器に詰め替えていましたが、容器を洗う時間ももったいなく、「詰め替えなくてもいい!」と割り切りました。

反対に、子どもと過ごす大切な時間として、おやつやお弁当づくりには時間を割くようにしています。

「時短家事」より「時産家事」

冒頭で述べたように、私の講座では「時短家事」ではなく、**「時産《じさん》家事」**という言葉を使うようにしています。

現在の私の「人生の優先順位」

1位　家族と過ごす時間

2位　夫婦の時間

3位　自分の時間

4位　睡眠

5位　スキルアップ

「時短家事」というと、残念なことに、なんだか雑、手抜きと感じる方もいらっしゃるようです。旦那さんが納得しないし、自分も抵抗があるという方もいらっしゃいます。

でも、時間を生み出す「時産家事」といえば、ポジティブに聞こえませんか？　言葉を前向きな響きにすることで、取り入れやすくなる効果もあります。

「時産家事」＝「24時間の使い方を考えながら行なう家事」です。

人生をより楽しむために、自分の趣味の時間や仕事のスキルアップをする時間を生み出すために、効率よく家事をするのは決して悪いことではありません。

自分でも気づいていない固定観念で、「こうしなければいけない」と思っていたものを手放すと、驚くほど「時間を生み出せる」ようになります。

「家族と過ごす時間」を確保するために、何を手放すか考える

みんなで集まってカードゲームをするのが最近のブーム（上）。
左写真は趣味のキャラ弁づくり。
ママさんバレーもやっています！
優先順位をきっちりつければ、時間はいくらでも生み出せます！

「15分だけならやってみようかな〜」——〝終わりのない家事〟はすきま時間で

私は家事、仕事に加え、趣味のママさんバレー、PTAの役員などもやっています。4人も子どもがいるので、学校行事だけでもたくさんあります。

そう言うと、なんでもテキパキとこなして処理能力が高い人と思われるかもしれませんが、ハッキリ言ってそんなことはまったくありません（笑）。手帳に「TODOリスト」を書いて〝見える化〟していますが、なかなか前に進まない。テンパりそうになることもしばしばです。みなさんも程度の差はあれど、経験があることでしょう。

そんなときは、一度立ち止まって自分と向き合ってみましょう。私は、タスク処理の遅い自分をまずは受け入れて、笑顔で過ごせるやり方を考えます。**一歩ずつ、一歩ずつ前に進めばいいのです。**まずは、心を落ち着かせましょう。

平日はまとまった時間をつくるのが難しいので、**家事は15分の「細切れ時間」を活**

「やらないこと」を決めると、
家事の質が上がります！

用しています。たとえば、15分あれば洗面所、次はトイレなど場所を決めて掃除をして家を整えていくことができます。15分で、夕飯のための食材を切っておくなどもします。「15分しかない」ではなく、**「15分だけならやってみようかな」**という発想の転換です。

また、決めている以上のことはやりません。**「この時間内でできることだけやる」と決めて進めます。**家事はこれが終わりというのはなかなかありません。いろいろ気になる部分は出てくるのですが、目を伏せて、明日できるからいいかと後回しにすることもあります。

やること・やらないことを決めて時間内に実行する――という習慣は、ファストフード店で身につけました。店舗の運営は、時間と作業を徹底的にマネジメントしないと回りません。店を運営していたときのことを、今は家庭で実践しています（笑）。

すきま時間に掃除できるよう、トイレにネコ型メラミンスポンジを置いておいたら、子どもたちが競って磨いてくれました。こんな仕掛けをつくるのも楽しいです。

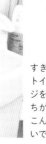

困るのは一瞬、快適は一生！台所には「普段使いしないモノ」は置かない

我が家の家事シェアの話を聞いた人から**「家族に料理の支度を手伝ってもらうにはどうすればいいですか？」**とよく質問を受けます。

30ページでも書きましたが、**家族に協力してもらうには、なにより、分かりやすさが大事**です。

食器や調理器具、調味料などで、ほとんど使わない〝2軍・3軍〟のようなモノをゴチャゴチャ持っていると、家族はどれを使っていいか迷います。

「そこにあるでしょ！」とか「それじゃない！」なんて怒られると、やる気もなくなりますよね。

家族に手伝ってもらいたいなら、分かりやすく〝1軍〟だけを揃えましょう。そうすると手伝ってくれる可能性も上がります。また、家族が手伝ってくれないとして

も、**1軍だけのキッチンは作業がしやすく、たちまち〝時産〟につながります。**

我が家では、キッチンではできるだけ効率的に動きたいので、**お皿などは数を絞っています。**

あるとき、食器を普段使いの食器だけ残してあとは思い切って処分しました。実を言うと、クリスマスのときに多少困りました（笑）。でも、心はとても清々しかったので、結果オーライです。困るのは一瞬、快適は一生です。

そして子どもでも洗いやすいように、**食器類は装飾がないモノを選んでいます。**

子どもが割ってしまってがっかりしないように、**割り切って安いイケアや100円ショップのものを活用しています。**最近は安くてもかわいいものが増えました。

箸は、毎食事ごとに全員分を揃えるのがストレスなので、全員まとめて同じモノを購入しています。

ちなみに、来客用の食器で手放したくないお気に入りのモノは普段からどんどん使っていきましょう。いつ来るかわからない来客のためではなく、モノもスペースも大事な家族のために使っていきましょう。**「自分と家族をもてなす暮らし」**を始めましょう！

また、
ホームパーティーをするのは
気の置けない友人たちなので、
食器が足りない場合は
持参してくれます。

来客時は使い捨てのコップや皿を使用。
“おもてなしを意識したモノ”を
できるだけ選びます。「洗いモノがないから、
気兼ねなくゆっくりしていってね～」
などと声をかけられます。

たまには、「使い捨て」でもいいじゃない

少し話がそれますが、たとえば、焼肉のときお皿やコップが油まみれになりますよね。食洗機を持っていない我が家はお湯を使って丁寧に手洗いしないといけません。それってプチストレス！

そんな日は、「今日はＯＫ！」と割り切ります。紙皿、紙コップ、新聞紙（笑）。使い捨ての日があってもいいじゃないですか。心のゆとりを生み出すために時間を買ったっていいじゃないですか。エコはできるときにエコすればいいのです。

笑顔になれる選択肢をいくつか持ちましょう。母の笑顔は地球を救うから。

貧乏くさい？　所帯染みてる？　何でもいいんです！　自分が家族に笑顔を振りまける方法を選べることが大事！　完璧なんて求めず、ゆるく、ゆるく、楽しく生きませんか？

引き出し1段目

引き出し2段目

引き出し3段目

食器もカトラリーも最小限。子どもでも出し入れしやすく。

シンク下

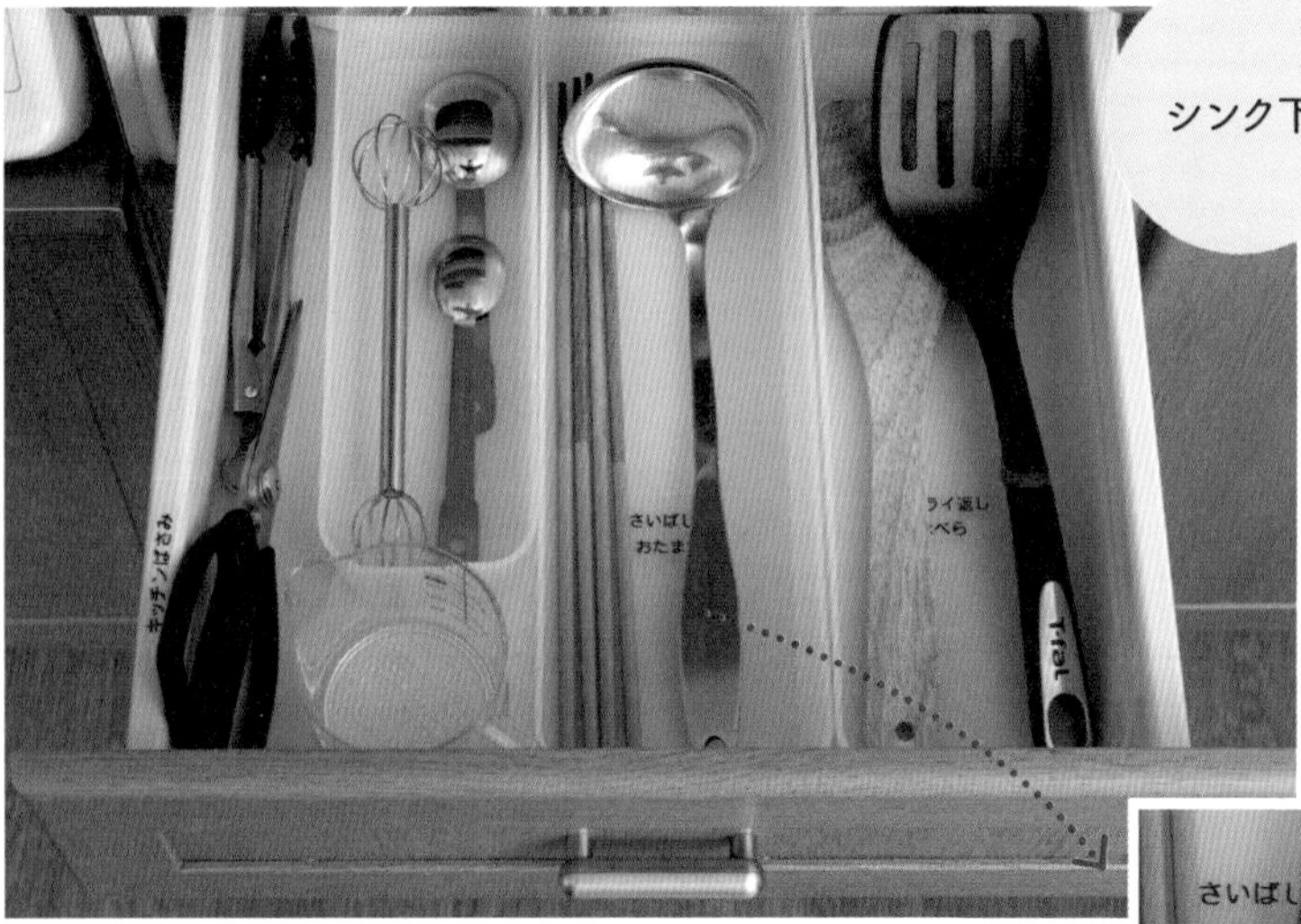

誰が片づけても同じ場所をキープできるように定位置をラベリングします。

ニトリ
「シンク下 伸縮ラック」

左側はニトリの棚を買って重い鍋を下に。右側は手前によく使うスケールやみじん切り器などの調理器具を、奥にめん棒や泡立て器など使用頻度の低い2軍の調理器具を。

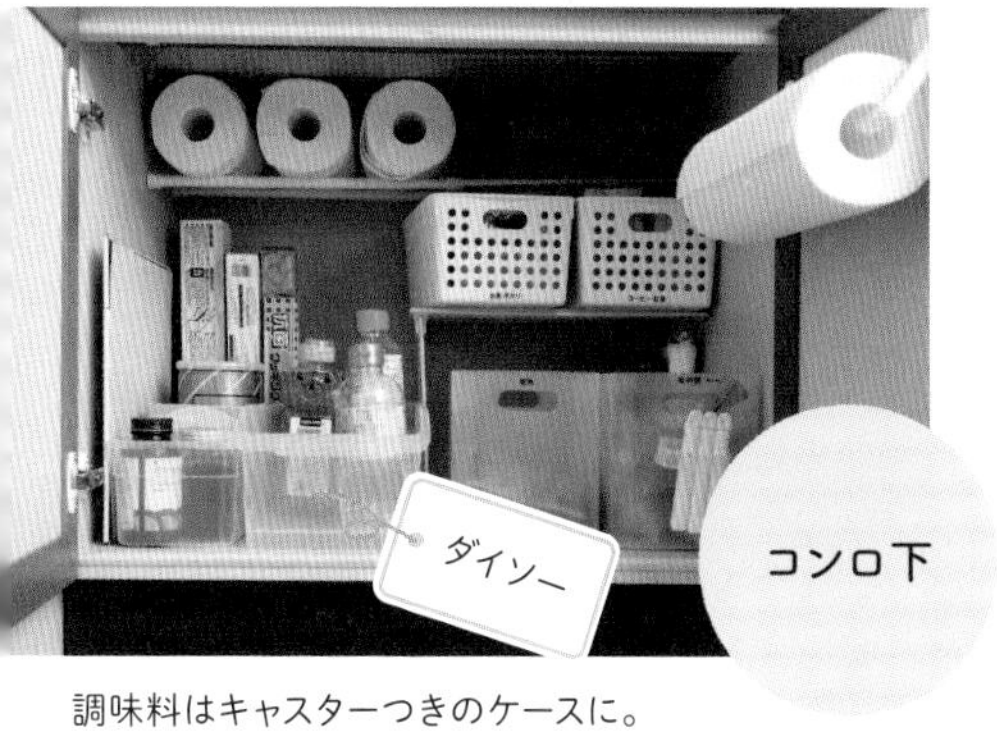

調味料はキャスターつきのケースに。

よく使う砂糖や塩の他お茶パックなどは、しゃがまずに手に取れる場所に。

「朝食セット」「おやつ」など
グループでまとめると分かりやすい。

冷蔵庫は6割収納を目指し、常備する食品にはラベリングで定位置管理。イレギュラーな食品が入ってきたときに、迷子にならなくなります。

よく食べる豆腐や納豆は100円ショップのボックスに立てる収納。手前に賞味期限が近いモノを。家族が多いため、卵は1回につき6個ぐらい使用します。そのため取っ手つきのケースが便利。1回に2個くらいしか使わないご家庭では、ワンアクションでとれるほうが便利です。

「今晩何食べよう問題」からの解放！

昼ごはんを食べたばかりでお腹がいっぱいなのに、今日の晩ご飯のメニューを考えなければならない……。調理自体よりも、毎日、毎日、献立を考えるほうが苦痛だとおっしゃる方は多いようです。

家族を大切に思い、常にメニューをかぶらないように考えている人ほど苦しんでいるようにみえます。

そんな方は、一度、ご家族にたずねてみてください。

「先週の水曜日の夕飯は何だった？」と。きっと覚えていないはずです（笑）。

献立は、毎回イチから考えずに、ベースをつくっておくとかなりラクになりますよ。

我が家では、１週間の献立を決めて、それを毎週繰り返しています。

まずは、1週間のメインメニューを決めます。丼もの・蒸し料理・揚げものなど。そして汁もの、副菜を決める。

ざっくり決めるだけでも献立をイチから考える手間が省け、買いものもラクになります。**忙しい日ほど、夕飯を何にするか決まっているだけでも気持ちがラクに。**イライラも減少します。「今晩何食べよう問題」から解放されます。

我が家の具体例を挙げると、燃えるゴミの日の前日は魚料理。臭いが出る前にゴミが捨てられます。夜にママさんバレーボールがある日は時間がないので、蒸し料理など比較的手のかからないものをメインにし、着替えたり、子どもの宿題のチェックを同時進行でしています。

そして、冷蔵庫にある余りものでつくる**「余りもののリセットデー」**を週に1回決めています。そして、日曜日は家族の好きなものをつくる**「家族のリクエストデー」**です。

メニューが決まっていると夫の帰りが早い日など、献立表に沿って料理を先にはじめてくれたりするので助かります。**家族としても、わかっていると手伝いやすい**メリットがあります。

我が家の１週間の献立例

曜日	基本のメニュー	予定
月	**丼もの＋具だくさん味噌汁＋おひたし or 酢のもの** メイン：牛丼、親子丼、生姜焼き丼、ねぎ塩豚丼 副　菜：ほうれん草としらすのおひたし、小松菜と油揚げのおひたし、キュウリとわかめの酢の物、もやしとキュウリの中華風サラダ	
火	**魚＋味噌汁＋おひたし or 酢のもの** メイン：ホイル焼き、塩焼き、刺身、サバ缶バーグ 副　菜：前日と同じ。まとめてつくっておく	買い出し
水	**蒸し料理＋具だくさん味噌汁** メイン：白菜と豚肉ともやし、塩麹鶏もも肉とキャベツとタマネギ、豚バラとキャベツ、鶏もも肉とアスパラとブロッコリー 副　菜：冷や奴、キムチ、納豆	ママさんバレーの日 燃えるゴミの日
木	**揚げもの＋具だくさん味噌汁＋サラダ** メイン：唐揚げ、豆腐ハンバーグ、コロッケ、ハンバーグ 副　菜：大根サラダ、チョレギサラダ、ブロッコリーサラダ、カボチャサラダ	
金	**カレーライス or シチュー or ハヤシライス or ポトフ＋サラダ** 副　菜：マカロニサラダ、ポテトサラダ、春雨サラダ、コールスローサラダ	買い出し
土	**余りものリセットデー**	
日	**家族のリクエストデー** お好み焼き、焼き肉、焼きそば、餃子など	買い出し

※お気に入りのレシピが見つかれば付け足していきます。

ある
月曜日の
夕食

ねぎ塩豚丼
具だくさん味噌汁
ほうれん草のおひたし

ある
水曜日の
夕食

キャベツと豚とベーコンの重ね煮
具だくさん味噌汁
冷や奴
納豆

ある
木曜日の
夕食

唐揚げ
具だくさん味噌汁
チョレギサラダ

ある
日曜日の夕食
家族の
リクエストデー

この日はビビンパ

「バイキング形式」で慌ただしい朝を乗り切る

食材は、**買いものから帰ってすぐに、さっと小分けにする**ようにしています。

肉類には下味をつけます。といっても味噌だれ、塩麹、にんにく醤油をつけるぐらいです。我が家はメニューが決まっているので、迷うことがありません。野菜はメニューに合わせて切っておきます。洗って切って袋に入れるだけなので、あっという間。

最近流行の**「作り置き」はしません。**我が家ではその方が大変なのです。週に3回買いものに行き、下味をつけたらその日のうちか翌日には使い切ります。

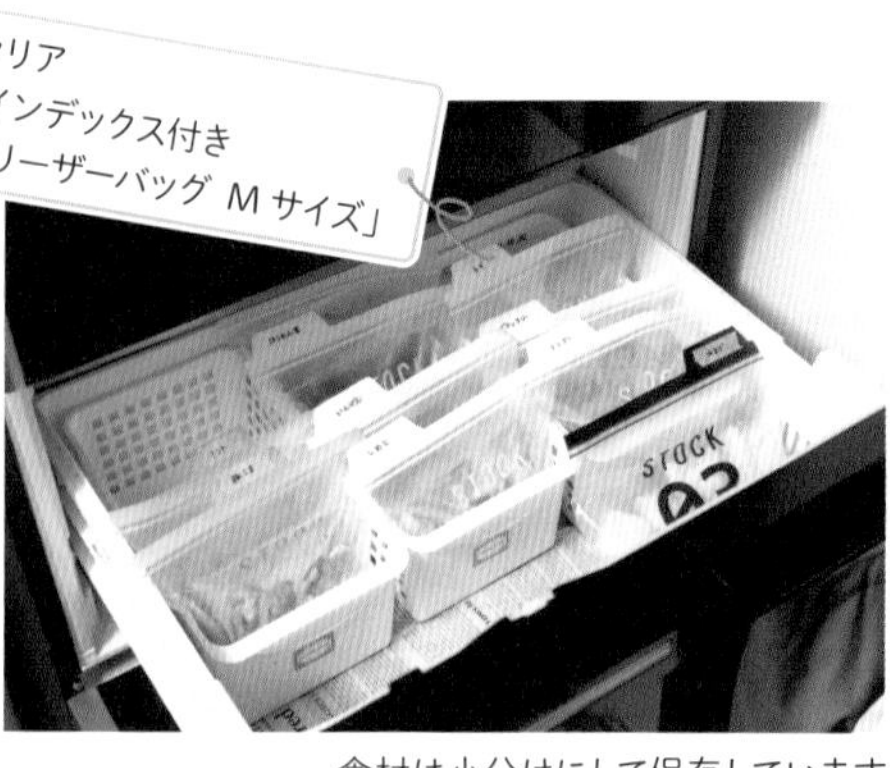

食材は小分けにして保存しています。

朝食セットの中身は、
鮭フレーク、鯖フレーク、広島菜、
ひじきのふりかけ、しば漬け、梅干し、
いかなごのくぎ煮、なめたけなどを
ローテーションで用意

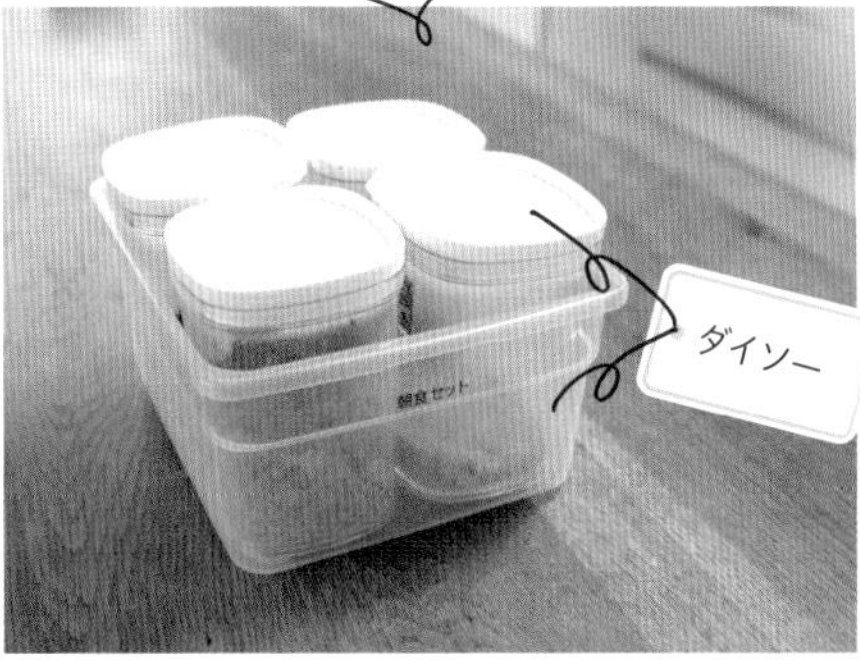

冷蔵庫に常備してある朝食セット（上）。前日の残りやすきま時間に切ったモノ（中）。各自ご飯と味噌汁をよそって食べます（下）。

お弁当づくりと朝食の準備の時間が短いとよく驚かれます。お弁当は3人分を15分ほどでつくります。夕飯の残りもの1、2個を、小分けにして保存袋に入れて、　緒に冷凍しておきます。朝にレンジでチンしてお弁当に入れます。

朝ご飯は、前日の夜に朝食の分の味噌汁もまとめてつくっておき、お弁当のついでに卵を焼いて、納豆やふりかけというぐらい。**我が家の朝食はセルフサービス。**みんな自分で盛りつけて食べています。

「朝の10分間拭き掃除」で家中のキレイをキープ

掃除は、**「朝のうちに家中をすませられる仕組み」**をつくっています。それを講演などでお伝えすると驚かれますが、やってみると案外難しいことではないですよ！

簡単に説明すると、５枚の布で私が家中を拭き上げます。上から下に、時計回りに、家具やドアノブ、照明のスイッチなどを拭いていきます。**時間にして10分ぐらい**です。同時に末っ子が10分ほどかけて掃除機をかけてくれます。

決して隅々まで完璧にはできていませんが、見えるところだけは拭いておこうと習慣にしています。

みなさんも、１日10分くらいならやってみてもいいと思いませんか？

そしてこの使用している「５枚の布」にちょっとした仕掛けがあります。流れを箇条書きで説明すると、次のようになります。

◎5枚の布で家中を拭く

↓

◎汚れた布は軽く下洗いして外に干しておく（湿ったまま放置したくないので）

↓

◎夜、乾いた布を汚れた衣類と一緒に洗濯機に入れてタイマーをかけておく

↓

◎翌朝、キレイになった洗濯物と一緒に、「ちょっと湿ったきれいな布」が5枚できあがってくる

↓

◎洗濯物を干す係の次男が洗濯物の中から布を抜き出し、私に手渡す

↓

◎最初に戻る

拭き掃除には「おしぼりタオル」がちょうどいい！

このように、**朝、拭き掃除用の布が必ずできあがってくるので、拭かざるを得ない**という仕組みです（笑）。洗濯機でしっかり脱水した状態というのがポイントで、**ちょうどいい湿り具合になり、TVなど電気機器を拭いても問題ありません。**

「気がつくと棚の上がホコリまみれになっている」という悩みをよく聞きますが、毎日、自動的に掃除しなければいけない仕組みをつくっておくと、キレイをずっとキープできます。

洗面所は「ながら掃除」でOK

また、この他にも、細々とした**「ながら掃除」**を取り入れています。

たとえば、洗面所は100円ショップのスポンジを4等分にして、蛇口の後ろに隠すように置いてあります。**朝、夜、歯磨きしながら、ゴシゴシ掃除をしています。**

洗面所は家族みんなが使う場所。朝起きて「さぁ、今日も1日頑張ろう！」、そして夜寝る前に「今日も1日お疲れさま！」と言える空間になっていますか？　もし、ため息が出るような空間なら、「ながら掃除」で鏡を拭くことから始めませんか？

自分が毎日使う場所を愛せていますか?

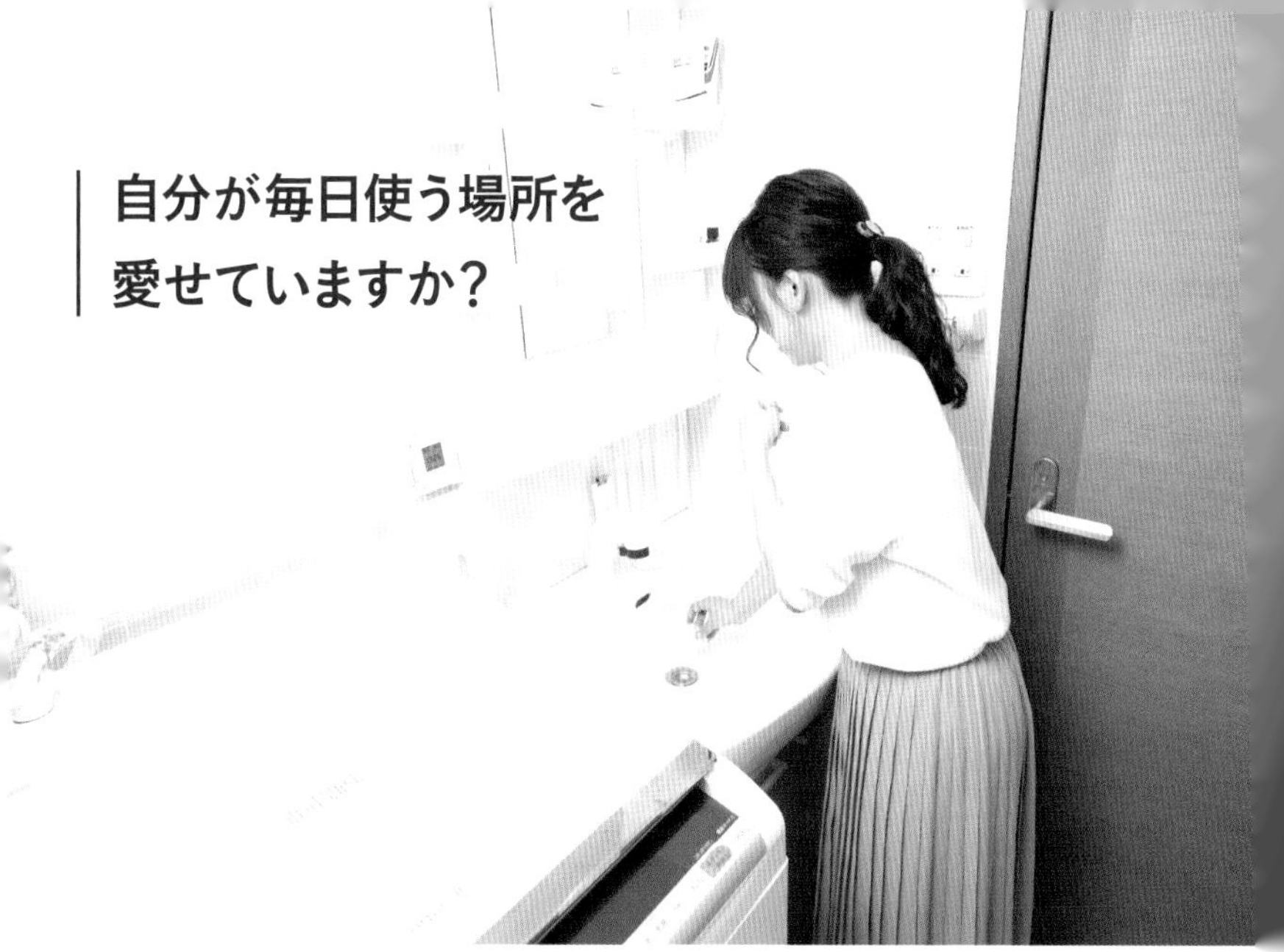

夜は翌朝起きてくる家族を、朝は「ただいま〜」と帰ってくる家族を思いながら
メラミンスポンジでゴシゴシゴシゴシ。とはいっても、 3分もかかりません。
いつでも気持ちよく使ってもらいたい!

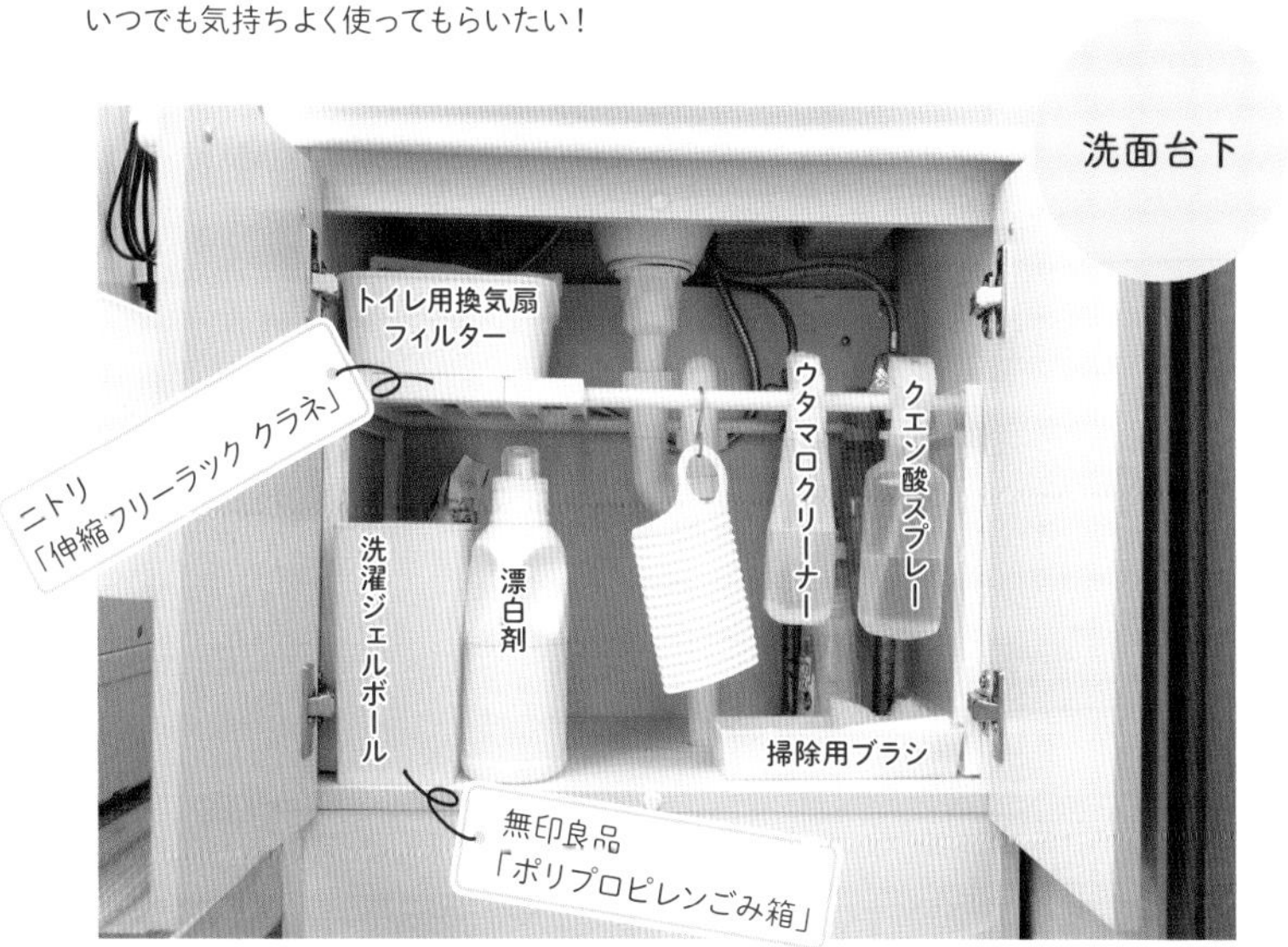

洗面台下の洗剤も1軍のみ。

掃除嫌いな人こそ「汚れない仕組み」で先手を打つ

私は基本、面倒くさがり屋で、「家中ピカピカにしたい！」というより、「時間を生み出すために効率的にやりたい！」というのが掃除の原動力になっています。

だから、掃除に必要以上に時間を取られるのは本当にストレス。だからこそ、この〝狭い家〟を選んだというのもあります。

掃除に時間を取られたくないので、**「掃除が面倒くさい箇所」は先手を打っています。**

たとえば、洗濯機のホースとその周辺はホコリがたまると湿気と相まってやっかいな場所です。洗濯機は買って家に届いたその日に、蛇腹ホースにハンディーラップを巻いて、ホームセンターで購入した板を防水パンの余っている部分に置きます。これで面倒くさがり屋な私でもキレイを保てます。

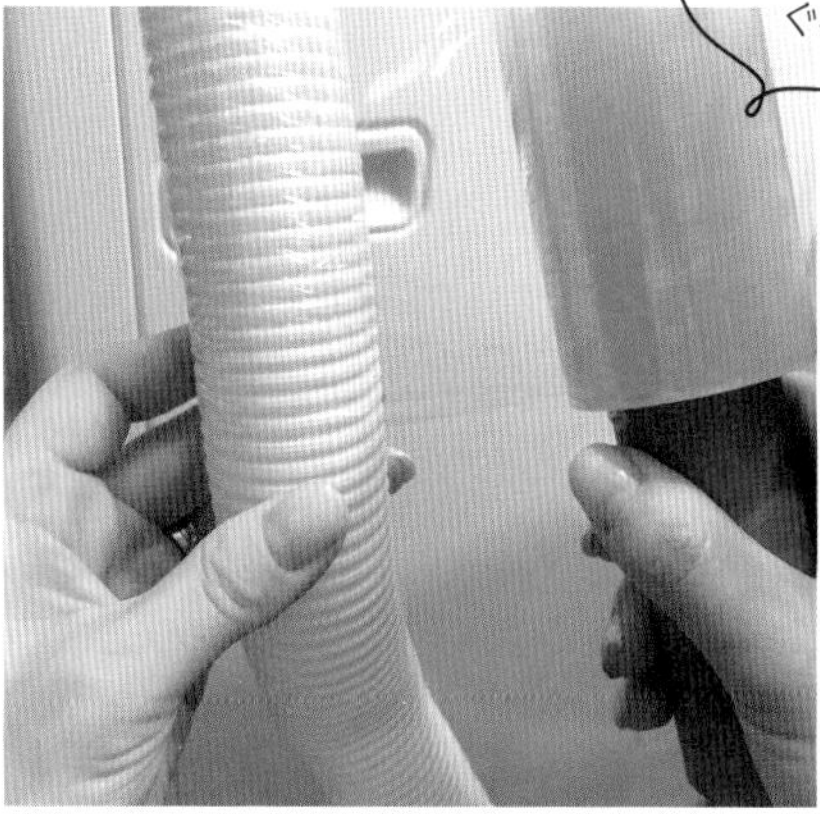
100円ショップの
ハンディラップで
ぐるぐる

このままだと
ホコリが
たまりやすく、
掃除もしにくい

板を置いて掃除しやすく。ホコリがたまりやすい水回りは先手必勝！　板はホームセンターで500円くらいで手に入ります。

換気扇はホコリが油と絡まってしまうと取りづらくなるので、さっさとハケでホコリを取ることを習慣化しています。

掃除がラクになるように、飾りものも少なくしています。長女はトイレ掃除担当ですが、トイレに置きものを増やすと怒るんです（笑）。棚もきちんと拭いてくれているので、モノがあると、どける・モノ自体を拭くなど掃除の手間が増えてしまう。子どもたちもそれがちゃんとわかっているので、むやみに飾ったりしていません。

「洗濯から収納まで」を最短にする

我が家では、「ファミリークローゼット」を採用し、**洗濯から収納までの時間と手間を最小にする仕組み**をつくっています。また箇条書きでご説明していきましょう。

◎夜、翌朝に仕上がるように洗濯機にタイマーをかける

⬅

◎朝、学校に行く前に洗濯物を干す係の次男が干す

⬅

◎取り込む。たたむ衣類は取り込みながら各自のカゴに。ハンガーで干した衣類はそのままかける

◎お風呂に入るタイミングなどで、自分で自分のカゴの中を整理する

基本的には吊す収納がメインなので、カゴの中はパジャマや下着、学校の体操服類ぐらいです。たたむ必要のあるものが少ないととてもラクです！

空になったカゴは、ファミリークローゼット内の指定の場所に重ねておいています。

取り込みながら、
各自のカゴに
ポイ！

各自が自分の
カゴの中を
整理

カゴはダイソーのもの。人数分用意しています。実は、これ、新聞ストッカ　なんです。重ねるとコンパクトになるのがメリットです。

みくろママ流「ラベリングの極意」

整理収納に欠かせない「ラベリング」。
キレイをずっとキープできるラベル作成のコツをご紹介しましょう！

＊戻したくなる文言に！

「ここに戻して！」のような一方的な言葉ではなく、たとえば「戻してくれてありがとう」など戻したくなるような言葉を選びましょう。

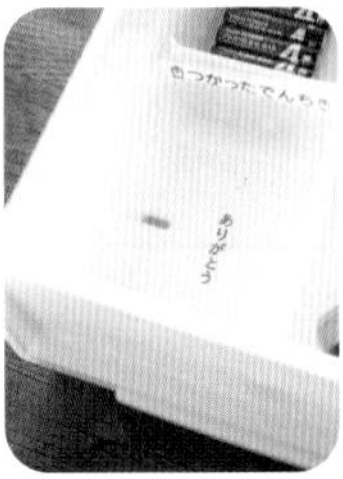

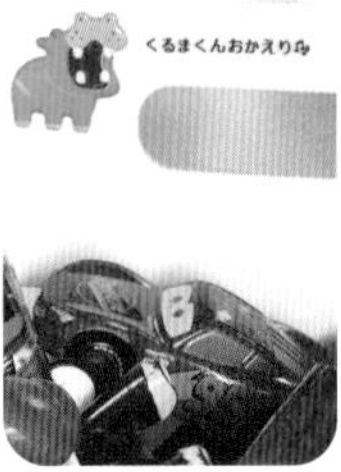

＊「数」まで書くと崩れにくい！

「ボールペン 2」「マジック 1」のようにモノの名前に加えて「数」まで書くとキレイを維持しやすくなります。

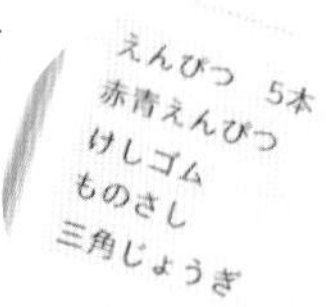

＊子どもと一緒に！

家族のモノや子どもが使うモノのラベルは、極力子ども自身につくってもらったり、貼ってもらいましょう。「自分でつくった！」となればモノを元に戻す意識も断然違ってきます。

＊スマホで操作できて便利！

すべての操作がスマホからできるのでデザインから印刷まで簡単にできて便利です！

ブラザー「ラベルライター P-TOUCH CUBE（ピータッチキューブ）」PT-P300BT

3章

「持ちすぎない」から片づけがラク！

モノを絞り込んでスッキリ暮らす！「捨て方＆収納ルール」

「捨てる」ではなく、「必要なモノを選び取る」

「モノと向き合いましょう」と言うと、すぐに「まず、モノを捨てなくては！」と思われる方がいますが、それよりもまず、していただきたいことがあります。

それは、**しっかりと「理想の暮らし」を描くこと。**その後に、**自分の「理想の暮らし」にふさわしいモノを選び取る感覚**で、モノの量を絞っていってください。

ただ捨ててモノを減らすだけならカンタン。でも、必ずリバウンドします。

2章でもお伝えしたように、ご自分の生活の優先順位に合うモノなのかを考えるのも1つの手です。たとえば、私自身はとにかく、「時間を生み出すこと」を最優先したいので、洗濯など手がかかる玄関マット、バスマット、トイレマット、キッチンマットはいっさい手放しました。そして、1軍にはまず入らない「○○専用」といったモノはまず持ちません。便利グッズに惹かれることもありますが、使用頻度が、毎週ぐらいは使うようなモノじゃないと、持たないようにしています。

片づけない、モノが多い家族にはどうすればいい？

ご家族と暮らしている方は、**家族の理想の暮らしにも耳を傾ける**ことは忘れないでくださいね。

よく、「夫（もしくは妻）の服や趣味のモノがあふれて困っている」という相談があります。しかし、実際には、家の中のモノを全部出してみたら、結局は自分のモノが一番多かったなんて場合も多いのです（笑）。まずは、パートナーのモノは、目を伏せてください！　最初にあなたが変わると、必ずパートナーさんも変わりますから。

では、自分のモノの量は絞ったけれど、家族が変わってくれない場合はどうすればいいでしょうか？　「早くあなたも片づけて」と言う前にやることがあります！

「お互いの理想の暮らしを話し合うこと」です。

たとえば、パートナーの理想が、趣味のコレクションや洋服など、モノにたくさん
囲まれた暮らしがしたいのなら、その気持ちを無視して進めるのは無理

それは、理想の暮らしに
ふさわしいモノですか？

がありますし、決して長続きしません。そこは、パートナーの意思を尊重してください。

「ここからここまでなら思う存分置いてもいいよ」というルールをつくるのもいいですね。そのスペースにモノが収まらないのであれば、**1軍・2軍に分けたり、「見える化」してあげるのも効果的**です。モノが必要以上に増えてしまう人は、モノの量を自分で把握できていないことが多いのです。そのため、一緒に「見える化」からスタートするのはとても効果的。

「捨てるのではないよ」と安心してもらいながら、**「分けて」**みましょう。その中から一番使うモノ、お気に入りのモノ（1軍）だけを生活する場に置いてみる、というだけでかなり違ってきます。

逆に、家族のモノは少なく、自分のモノが多く、それをあなたが変えられないでいるとしたら、どうすればいいでしょう？　まず、自分を必要以上に責めるのはやめましょう。自分自身のモノが多いと知っているなら、大丈夫。モノが多いことを自覚して、それを置かせてもらっていることに感謝をすることがとっても大事です。

感謝すると、次は**「家族のために片づけてみよう！」というやる気が湧いてくる**はず。その気持ちが片づけの原動力になります。

ちなみに、「今あるモノ」に満足し、感謝できることはすばらしいことです。

私は夫を〝神〟と呼んでいます。決して完璧な人ではありませんが、イヤな顔ひとつせず家事をシェアしてくれ、私が忙しいときはいつも以上に助けてくれます。

よく、旦那さんのグチを言う人がいますが、それはよその旦那さんと比べているからではないですか？　他者と比較するから不満は生まれます。私の夫は、よその旦那さんと比べなければ、〝神〟なのです。それでいいじゃないですか！

夫婦の時間も会話も大切に。家族のことは何でも話し合って決めています。

「これをいったん捨てたとして、買い直しますか?」

整理収納アドバイザーとして世界的に有名な近藤麻理恵さんは、モノを捨てるかどうか判断するときに **〝ときめき〟を基準に**とおっしゃられています。もちろん〝ときめき〟もいいですが、それでは判断が難しいという声をよく耳にします。

そういった場合は、**「いったん捨てたとして、これを買い直しますか?」**と自分に問いかけてみてはいかがでしょうか。これはメンタリストのＤａｉＧｏさんがある書籍で紹介されていた**「買い直し思考」**と呼ばれるものです。

大量の衣類の前で、「どれを捨てるべきか、捨てざるべきか……」と考え始めると、〝現状維持の法則〟が働いて、「お気に入りではないけどまだ着られる服」を残してしまいがちです。「自分が所有しているモノではなく、今から手に入れるモノ」と思考の変換をすることで、本当に自分にとって必要かどうかを見極めることが容易になり

クローゼットの前で「いったん捨てたとして、買い直すか？」と考えて、
買い直したいと思う服だけを選び取りましょう。

ます。

試しにクローゼットの前に立ってみましょう。お気に入りのショップにいると想像してください。そして、お金を出しても買いたい服だけを選んでみましょう。もしくは、いったん捨てたとして、コレを買い直すかどうか……と考えてみましょう。買い直したくないものは、すでに役目を終えて手放してもいいモノなのかもしれません。

私が主宰している片づけ塾の生徒さんたちも、この問いかけで変わる方が多いのです。なかなか捨てられないモノ、ありますよね。「捨てるモノ」を選ぼうとするより、**「買い直すぐらい大事なモノか？」**と自分に問いかけて、選び取りましょう。

「家の中にあるものはすべて1軍」くらいを目指しましょう

冒頭でも述べましたが、**我が家はモノが多い**です。

「不要なモノ」はほぼ持っていませんが、家族の人数も多く、ミニマリストでもないので仕方ありません。

そんな我が家ですが、狭い家でもモノがあふれず快適に暮らせる秘訣の1つが、**1軍・2軍の分類**です。

毎日のように使うアイテムで、日常生活がスムーズに進む分量を1軍。持ち過ぎていると分かっていながら手放せない分量を2軍とします。

もちろん、リビングに置いているモノは1軍に絞っています。

末っ子がまだ小さいころは、おもちゃも1軍、2軍に分け、1軍はリビングに、2

1軍管理+リセットの習慣で、
キレイがずっと続く！

軍はボックスに入れて押入れに収納していました（小学生になった現在では、おもちゃの量も減ったので1軍のみです）。

また、油断すると増えてしまう文房具類は、我が家は1軍だけを、数を決めて置いています。けれど、リビングで使っていた人がダイニングに持ってきて、ポイッと置いたりすることもあります。それを放置していると、ペン立てがパンパンで使いにくくなったり、使いたいモノが見当たらないなど混乱の元になります。そこで、定期的に全部出して、定量だけ残して迷子になっていた文具をまた元に戻すという**「リセットの習慣」**をつけています。そうすれば、見当たらないから買い足すというムダ買いも防げます。

お片づけ訪問サポートにおうかがいすると、洗剤や洗面所などで使う化粧品類、ヘアケア商品などがあふれ返っているお家も多いです。ストックスペースがたくさん余っている、管理ができる人は2軍まで持っていいとは伝えていますが、**基本は1軍に絞るように**整理します。

あなたの家にとっての「適量」の出し方

「適量を持つ」ためには、**「適量のモノサシづくり」**が必要です。これには2つのモノサシがあります。1つは、**「ライフスタイル」に合わせて数値化**する。もう1つが、**「スペース」に合わせて好きなだけ**持つ。

まず、「ライフスタイルに合わせて数値化」する方法からご説明していきましょう。

「我が家のタオルが32枚」のワケ

家族の人数、洗濯頻度、買いものの回数、一週間の仕事の日数など、ライフスタイルに合わせてモノの適量、必要最低量を数字で「見える化」します。

これは、**タオル、下着類や日用品のストックなどの管理に向いています。**

たとえば、
毎日洗濯するから靴下は3足あればいいかな〜。
あっ、でも、旅行にも行くから5足あったほうがいいかな〜。
などと考える

たとえば、冒頭で「我が家のタオルは32枚」と書きました。この数にはちゃんと理由があります。

我が家は6人家族で、1日にフェイスタオルを入浴用に6枚使います。トイレ、洗面所、キッチンのタオル3枚は毎日交換します。予備として1枚。合計10枚あれば、1日が回ります。毎日洗濯しますが、乾燥機がないので翌日分の10枚が必要です。ということで、合計20枚あれば、我が家は普通に生活ができます。

それに加え、子どものプール用のキャラクターのタオルを、4人それぞれに2枚ずつ、全部で8枚持っています。また、部活用のタオルを4枚。以上で32枚。これが我が家のライフスタイルに合わせたタオルの適量です。雨続きで洗濯物が乾かない時季などは、「コインランドリーも自分の家の延長」だと思っているので（笑）、そのときはお金を出してコインランドリーで乾かします。

このように、タオルや日用品のストックは数字を出しやすいので、最初に手を

タオルはブックスタンドで立てて収納。

つけるのにオススメです。

でも、オシャレもしたいし、趣味も楽しみたい！

ここまで読んできて、「厳しすぎる……」と思われた方もいるかもしれません。

たしかに、すべてのモノを必要最低枚数にすると、心のゆとりがなくなって楽しくないですよね。そのため、お片づけ訪問サポートでは、「自分がときめくモノは、スペースに合わせて持ちませんか？」とお伝えしています。これが、もう1つのモノサシ**「スペースに合わせて好きなだけ持つ」**方法です。

洋服や靴やアクセサリー、趣味のコレクションや本などはたくさん持ちたい。とはいえ多すぎると手に負えなくなってしまいますので、**スペースを決めましょう。**子どものおもちゃなども、スペースに合わせた持ちかたを意識していただきたいです。

たとえば、服を買うときは、今持っている洋服と天秤にかけてみましょう。今ある服を手放しても欲しいですか？　迷うときはあきらめる。今現在の自分が好きな洋服だけを選び取り、**〝クローゼットを更新していく〟**というイメージです。

服・アクセサリー

半袖、長袖など
1アイテム5枚ずつ×2人分

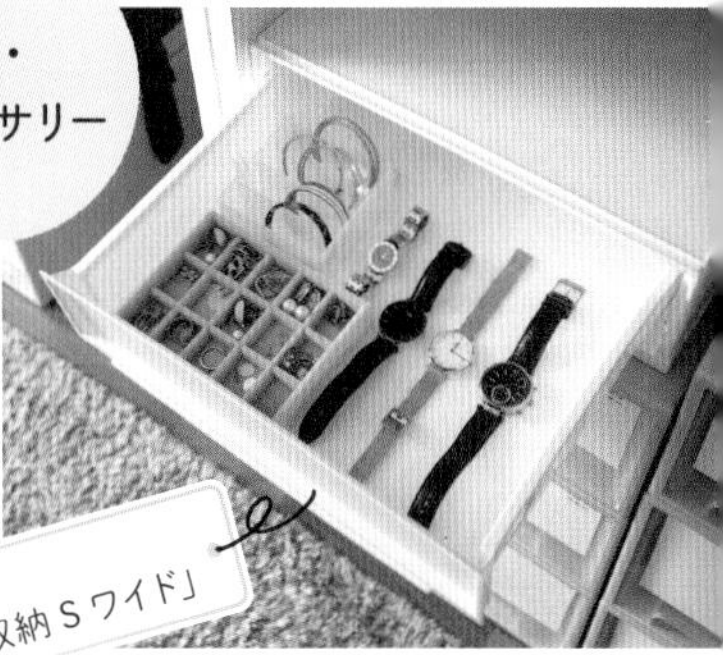
「マルチ収納Sワイド」

週5日制服だと子どもたちの私服は1シーズンにトップス、ボトムスそれぞれ5枚あれば十分着回しできる。大人も同じ数を目安に。最近は長女と私は共用で使っているので、2人合わせて10枚ずつ。オシャレも十分楽しめます。アクセサリーはスペースに合わせて好きなだけ。

靴

シーズンオフの
靴は靴箱上に
「シューズボックス」

靴は学校用に1足、ほか通年で履ける靴を3足まで。長女はサンダルやブーツなど含めて6足まで。靴箱の上の空いた空間に突っ張り棒をつけて、100円ショップの箱を並べています。

「自動更新」でいつも快適！タオルは「半年に1回」すべて買い替える

食器のスポンジ、歯ブラシ、靴下などの消耗品が、いつの間にかよれよれになっていたりしていませんか？消耗品の劣化は、毎日使っていても、意外に気づきづらいもの。でもよれよれのモノは使い勝手も悪く、心地よくはないですよね。

我が家では消耗品は古くなったから、ではなく、**周期を決めて、定期的に買い替える仕組み**にしています。

たとえば、歯ブラシは月に1回替えると決めておく。

これで、**判断をする手間が省け、ラクに心地よい生活をキープできます。**

我が家の自動更新リスト

月に1回

→歯ブラシ・ボディタオル・食器スポンジ

シーズンに1回

→子どもたちの学校用の靴下

半年に1回

→下着類・フェイスタオル

自動更新にすれば、
「判断する手間」が
省けます!

バスタオルよりふかふかタオル

前述したとおり、我が家は大きなバスタオルは使っていません。6人分のバスタオルを洗うとなると、洗濯を1日2回以上しなくてはならないし、干すところもないのでやめました。現在はフェイスタオルを使用しています。

大きくて使いやすいバスタオルをあきらめた代わりに、お風呂上がりに使うタオルは**「半年に1回入れ替える」**と決めています。

ある高級ホテルでは、タオルは洗濯を約30回したら交換するといいます。ふかふか感がなくなってしまうからだそうです。我が家の場合は、半年でだいたい90回洗濯(2日に1回洗濯すると計算)します。

大きなタオルで家族を「もてなす」ということが我が家ではなかなかできないので、その代わりに、タオルの〝ふかふか〟にこだわっています。当然コストはかかります。しかし、**「家族をもてなす」**ために割り切って購入しています。いつもふかふかで、気持ちよく使えます。使用済みのタオルは雑巾として家中の掃除に使ったり、動物愛護センターに寄付します。

「生活感が出やすいモノ」には2カ所の指定席を

モデルハウスのようにモノが何も出ていないという状態には憧れます。でも、実際の暮らしの中ではそれは不可能ですし、使用頻度の高いものは、すぐ取れる場所に置いておくと便利です。

ただし、手にしやすい場所に出しておくのでも、**「出しっぱなし」と「チョイ置き」では、時間と心のゆとりが全然違います。**

「チョイ置き」とは、**戻す場所があり、5分もあれば片づくと分かっている状態**で、すぐに取れる場所に出していること。

「出しっぱなし」とは、**戻す場所がなく、見て見ぬ振りをして急な来客におびえながら過ごしている状態**のこと。

戻す場所がなければ掃除をするのに手間がかかり、時間のゆとりは手に入らないし、心はいつもソワソワ、イライラします。一方、戻す場所があれば、モノがテーブルや床に広がっていても、戻すと決めたら戻せるので時間と心のゆとりが手に入ります。

同じごちゃごちゃとしても、「チョイ置き」は心がザワザワしません。5分でリセットできるって知っていたら、どんなに散らかっていても心のゆとりは生まれます。

来客時には「隠す指定席」に

我が家のキッチンでは、日頃は使いやすさを重視して、まな板やスポンジなどは、ワンアクションで取れる場所に指定席を設けています。来客時は、**生活感を和らげるために「隠す指定席」**に移動させます。

まな板はシンク下に。水筒を洗うブラシやスポンジは洗剤グッズのボックスの中の使わなくなった瓶に。

日常的に使うモノで生活感が出やすいモノには、2カ所目の「隠す指定席」を設けておくと、来客時に焦ることがないのでおすすめです。

「普段の指定席」と「隠す指定席」
2つも指定席があるなんて、
VIP待遇です（笑）！

2カ所の指定席で〝生活感〟は隠す

普段の
指定席

まな板は
吊す収納

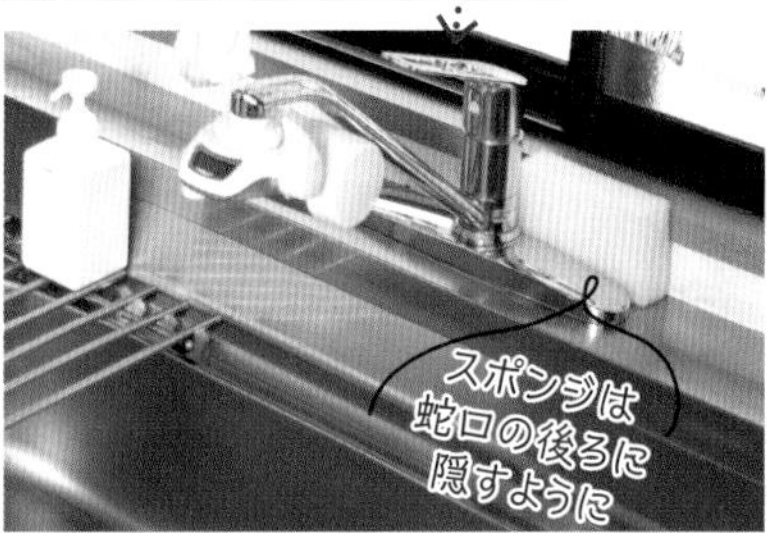
スポンジは
蛇口の後ろに
隠すように

普段は使いやすさを重視してまな板やスポンジは出しっぱなしに。

隠す
指定席

シンク下に「隠す指定席」を用意。まな板やスポンジなどを隠す。

「思い出の品」は1人1箱、入る分だけ

お子さんがいらっしゃるご家庭で、際限なく増えてしまって困るモノのひとつに、写真や、図工作品、作文などがあります。

どれも貴重で捨てがたいですね。

でも、よく考えてみてください。

たとえ、すべて残したとして、それを頻繁に見直していますか？

お子さん自身はすべてを残しておいてほしいと思っているでしょうか？

ホコリをかぶっていたりしませんか？

それで大事にしているといえるでしょうか？

そして、こう言うとハッとされる方が多いのですが、「もし結婚するときに夫が小さいころの図工作品や作文の段ボールを何箱も持ってきたら、どう思いますか？」（笑）。

我が家では、子どもたちが巣立って行くときに持っていけるように、ひとり1箱ずつ**「思い出ボックス」**という箱を用意しています。パッと目につくファミリークローゼットの上段に並べています。

ボックスの大きさや個数は自由。ただ、大きさや個数を決めたら、取っておく思い出の品は、その箱に入る分だけにします。

思い出の品は基準を設けないと増える一方なので、**「適量を決める」**がルールです。

「思い出ボックス」に入れるものは自分で選ばせる

思い出ボックスの中に何を入れているか、我が家の例を具体的にお話ししましょう。

まずは、保育園や学校から持って帰ってきた子どもの作品や作文を、子どもと一緒に鑑賞します。どのような思いを込めてつくったのかなどじっくり話を聞けるといいですね。

次に、この中で、実際に、**「思い出の品」として残したいのはどれか**を相談します。「思い出ボックス」のスペースは有限です。この作品を残したら、今ある中からひと

先に保管する量を
設定するのがコツ

つ手放さなければならないかもしれません。

写真を撮っておけばいいというものもあります。

4～5歳ころからは、子どもたちと一緒に考え、選択します。

当然迷います。大人でもかなり迷う。でも、**それが子どもの「選択力」を養ってくれます。**

「思い出ボックス」は、大人もそれぞれつくります。親自身が気に入って保管しておきたい子どもの作品は、「お母さん、これとっても気に入っているから、お母さんが持っていてもいいかな?」と聞いています。本人はお気に入りではないけれど、親が残しておきたいと思う作品もありますよね。

「日常のモノ」と「思い出の品」を分けるだけで、空間と心のゆとりが生まれます。

お子さんが持って帰ってきた作品などを選別せずに、タンスのすき間などに、そのまま保管はＮＧ。

早速、思い出ボックスを用意し、適量ルールをつくり、選び抜く力を養っていきましょう。

ファミリークローゼットの上段に収納。
サイズは幅 44 ×奥行 27 ×高さ 28cm。

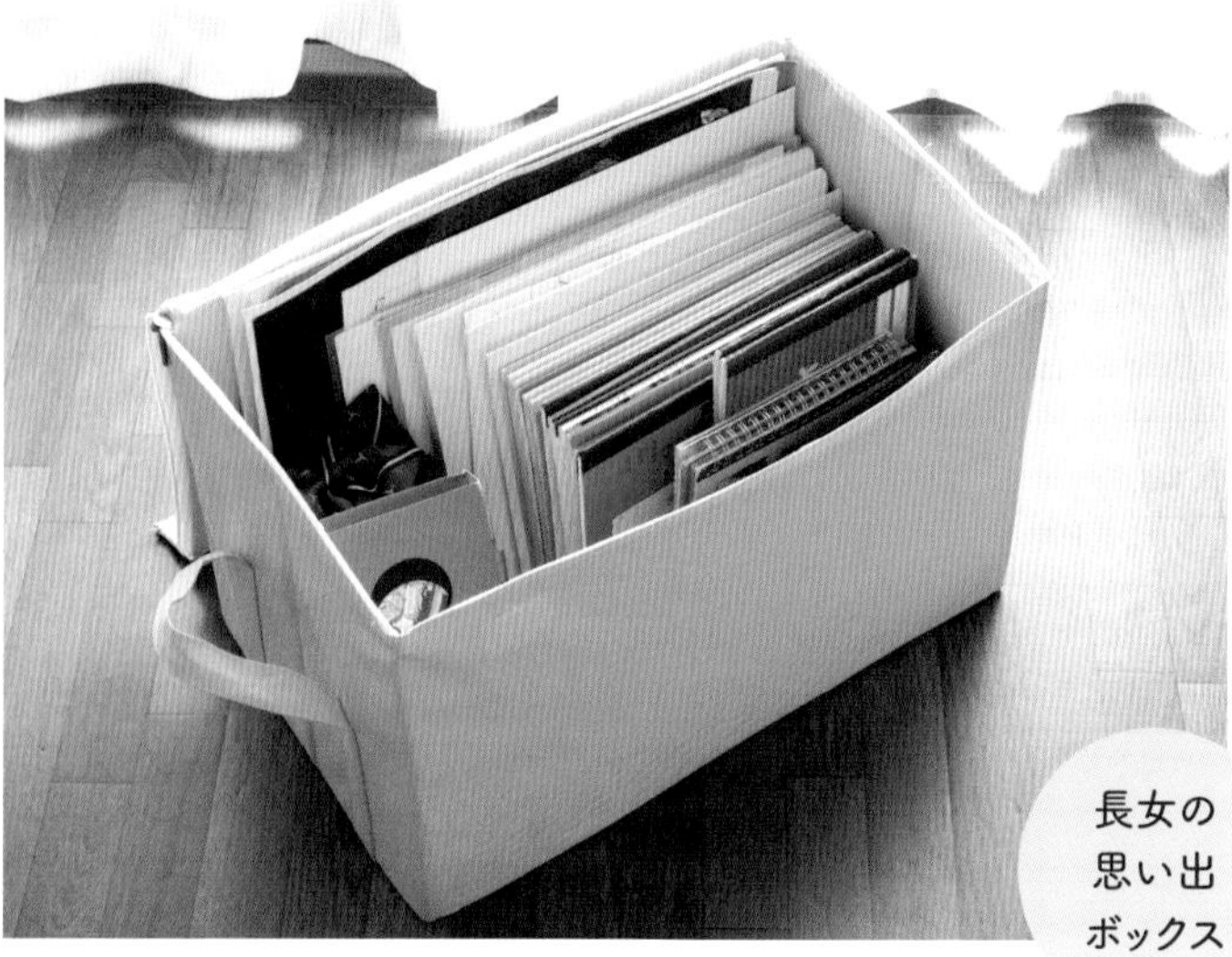

高校 2 年生。努力して毎日コツコツ頑張った自主勉強ノート、作文、友だちからの手紙、絵などの作品が入っています。高校生になると、だんだん小学校のモノとはさよならできます。

末っ子の
思い出
ボックス

小学２年生。ファーストシューズ、先生からの手紙、作品、手形などが入っています。

末っ子の
保育園時代の
思い出
ボックス

残すモノ

手放すモノ

3歳児でもできる！「おもちゃの増えすぎ」を防ぐ方法

小さなお子さんがいると、家中、おもちゃであふれてしまいがちです。子どもが小さいうちは仕方ない、なんてあきらめている方、大丈夫です！

まず、**おもちゃを置くスペースを決めておきます。**

「ここからここまでがおもちゃのコーナーは、必ずおもちゃのコーナーだよ」

と子どもと話して、共有しておきます。

普段はおもちゃを買わないようにしているご家庭でも、誕生日やクリスマスなどはおもちゃが増えてしまいますね。

我が家では、まず、子ども本人と話し合います。

「サンタさんにプレゼントを頼むなら、サンタさんが持ってきてくれるモノの指定席

おもちゃ
元に戻しやすいように完成写真を貼っています

我が家の「おもちゃコーナー」はここだけ。
新しいおもちゃが来るときには、その前にスペースを空けておきます。

を空けておかないと、サンタさんは持ってこられないね。だから今あるおもちゃの中から、手放すものを考えようね」と。

無制限にプレゼントをしたがる祖父母には、**時には断ることも必要**です。

「子どもが整理力を身につけるために、自分で大切なおもちゃを選び抜く作業をしています」と、説明をしてみてはいかがでしょう。

孫のため、きっと協力してもらえるはずです。

写真は無印良品のアルバムに「年間22枚」だけ

家族の大切な写真も、数を絞り込むのが難しいもののひとつです。写真もルールを決めないと、無制限にたまっていきます。

我が家では、写真収納には**無印良品の2段式3冊セットのアルバム**を使っています。定期的に整理をするときにも写真の抜き差しがしやすいのでお気に入りです。

アルバムは「人別」に分けて収納しています。子どもたちが大人になってひとり暮らしをするときに、「思い出ボックス」とともに写真も持っていけるようにしています。

紙焼きした写真はひとり最大、無印良品のアルバム1セット（3冊分）と決めています。全部で408枚入ります。18歳までとすると、年間で約22枚。もちろんデータで管理している写真がこのほかにあります。

6人分のアルバムは全てここに収まる

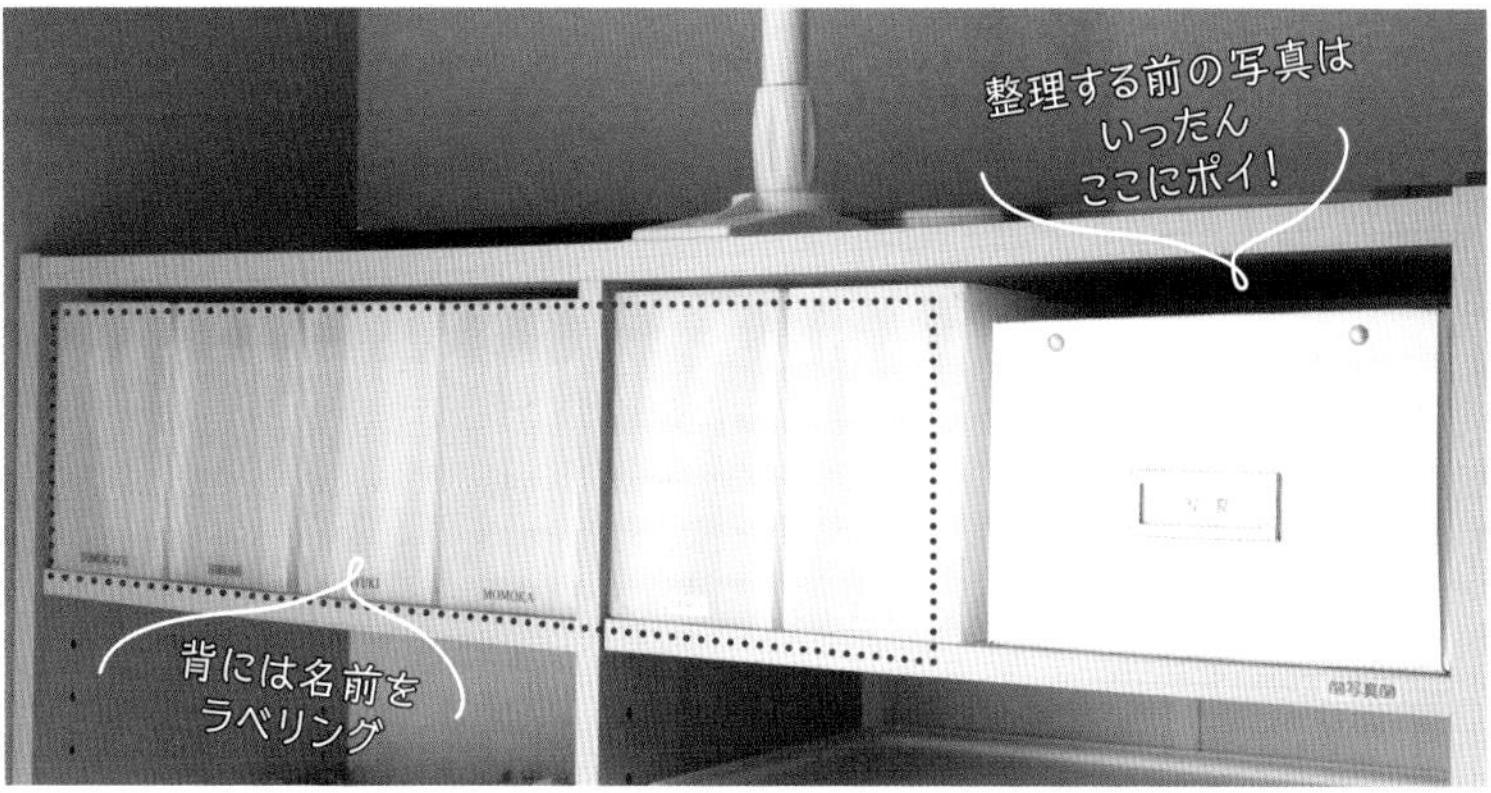
整理する前の写真は
いったん
ここにポイ！
背には名前を
ラベリング

何度も
見返したい
写真のみに

『ポリプロピレン高透明フィルムアルバム・2段・3冊組』（無印良品）を使用しています。

アルバムに入れる写真は、園や学校行事などで購入したデータが無いものや、いつでも見られるように現像した写真です。そう考えると、我が家ではこれで十分。

思い出はもちろん大事！　でも、**見返すのにウンザリするほどの量はいらない**かなと。思い出はコンパクトに濃厚に。

みくろママの「ある日の時間割」

5:30　起床
5:35　トイレ、メイク、髪を整える、夫を見送る（15分間）
5:50　朝食、弁当づくり（15分間）
6:05　夕食の下ごしらえ（25分間）
6:30　末っ子を起こす。一緒に布団を上げる
6:35　朝食
6:50　次男、末っ子の朝食を横目にスケジュール確認
7:00　家中の拭き掃除（10分間）
7:10　末っ子の支度の仕上げ
7:15　着替える
7:20　週3で2回目の洗濯をまわす（枕カバーや毛布など。平日1、土日2）
7:25　日替わり掃除（25分間）
7:25　週替わり掃除（お風呂や窓、ベランダ、照明など土日のみ・30分間）
8:20　2回目の洗濯を干す
8:30　リビング、玄関リセット（5分間）
8:40　仕事へ
…（仕事）
18:00　児童クラブに末っ子を迎えに行く
18:10　食材の買い出し
18:30　帰宅・手洗いうがい
18:40　買ってきたモノ、持ち帰ったモノを定位置に置く（10分間）
18:50　洗濯物を取り込みシェアカゴに入れる（5分間）
18:55　夕食づくり、音読聞く、宿題のサインする（35分間）
19:30　夕食（夫婦、次男、末っ子）
19:55　食器を洗う（15分間）。
水曜日はママさんバレーなので夫に家事をお願いする
20:15　おうちのポスト（書類）を見る
20:25　夕食中の長女と会話
20:35　お弁当、朝食の下準備（15分間）
20:50　末っ子と絵本タイム
21:00　夕食中の長男と会話
21:10　着替える
21:15　ウォーキング（週2）／仕事や趣味タイム（週3）
22:15　ファミリークローゼットのリセット（5分間）
22:20　入浴
22:45　はみがき。洗面台のリセット（5分間）
22:55　キッチン、ダイニングのリセット（5分間）
23:00　夫婦の時間。その日あったことを話し合う
23:30　就寝。一日お疲れ様でした！

4章

子どもの能力を伸ばす！

ママにゆとり、子どもに自信！「お片づけ＆お手伝い共育」

我が家の朝のお手伝い分担は？

12ページでも書きましたが、**我が家では毎朝、出かける前の10～15分間、暮らしを整える時間として、子どもたち全員に家事を担当してもらっています。**

長男は食器洗いをしてから学校に行きます。長女はトイレ掃除。次男は洗濯物を干してから。小学生の三男もリビングとダイニングに掃除機をかけています。

誰が何の家事を担当するかは、長期的に順番に回しているので、最終的にはそれら全部できるようになっているはずです。

大人になってひとり暮らしをしても、学業や仕事以外にも、きちんと自分のことを自分でできる**「自立した大人になってほしい」**という思いがあります。

できるだけ本人たちの自主性に任せるようにしてます。兄弟で交渉して交換したり、「学校から帰ってからにしようかな」などと自分たちで工夫しています。

高校２年生の長男は食器洗い。高校１年生の長女はトイレ掃除を担当してくれています。

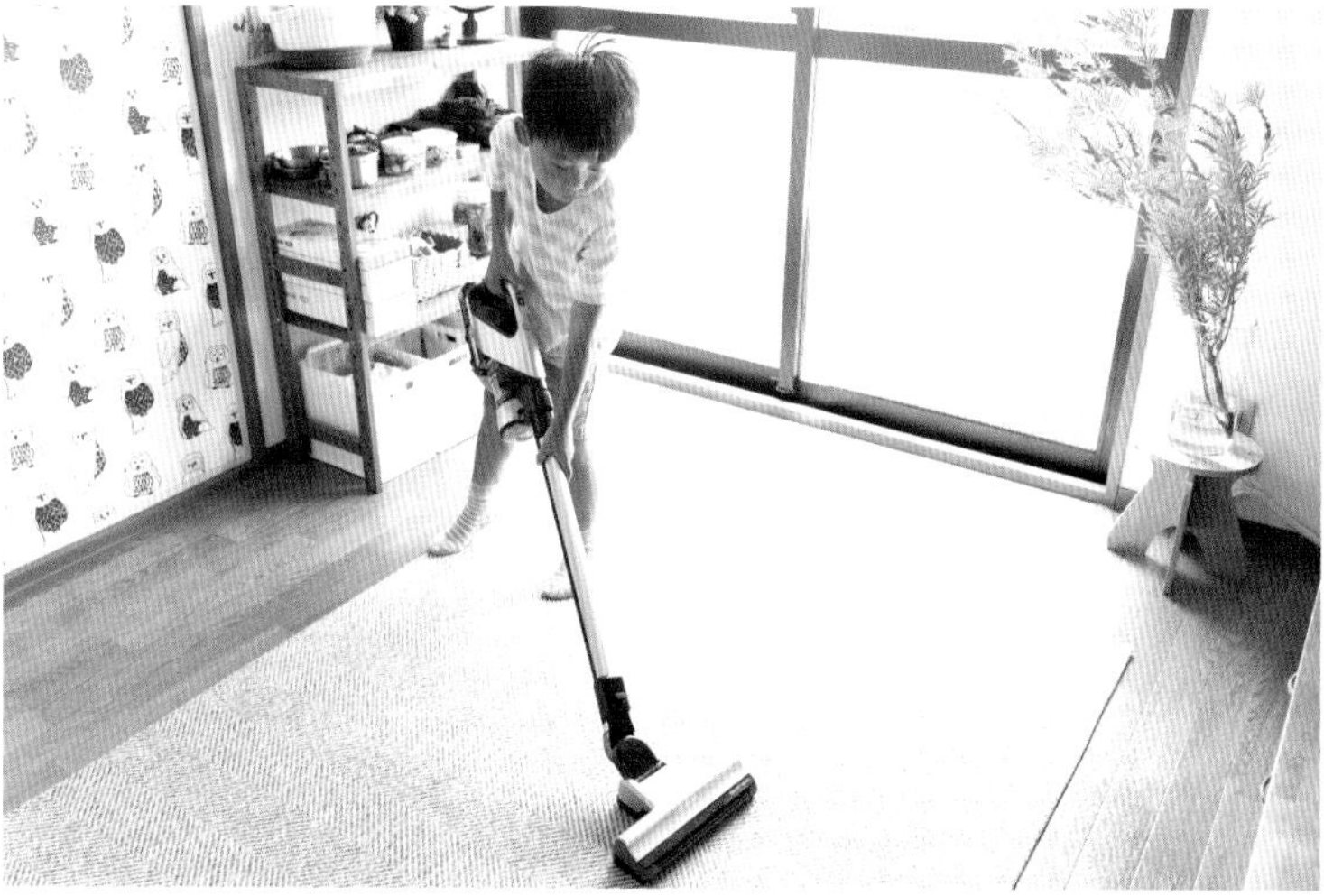

小学校２年生の末っ子は掃除機がけを担当。中学２年生の次男は洗濯物を干す。

お手伝いで子どもの「自己肯定感」がアップ！

私自身は、母がすべて家事をしてくれていたのでお手伝いをほとんどしていませんでした。私が20歳のとき、母が末期がんを患いました。そのときに、家事を教わってこなかった焦りと、もっと手伝えばよかったという後悔でいっぱいでした。「自分がいないと家が回らない」と、母はひとりで頑張っていたので、私たちを残していくことは、さぞかし心配だったでしょう。

そんな経験から、私は子どもたちに、**自分がいなくなっても困らないような環境をつくってあげたい**と思うようになりました。そして、私自身も家族を頼れるようになりたい。私が積極的に**「お手伝い共育」**を取り入れているのはそういう原点がありま す（「教育」ではなく「共育」なのは、**親子共に育つ**という意味を込めて）。

「お手伝い共育ファシリテーター」という資格を株式会社整理収納教育士さんと一緒

に立ち上げ、講演、講座なども行なっています。そこでは、**「ママにゆとりを、子どもに自信を」**というキーワードを掲げています。

私の母は、全部ひとりで抱え込んでいたがゆえに、ゆとりがなかった。でも、お母さんのゆとりが優しさに、そして子どもの笑顔と自信に繋がっていくと思います。

「自分でできた！」が自信を育てる

お手伝いで子どもの**「自己肯定感」**がアップします。どんな小さなことでも、お家のお手伝いができると、「自分もできた！」という達成感が生まれます。この小さな達成感が毎日積み重なっていくことで、自信がついてきます。

また、家事をしたことを家族に感謝されると、「私は誰かに必要とされているんだ」という実感を子どもたちが持つきっかけにもなります。

これまで「お手伝い共育」講座を受けた方から、

「いままで感情が不安定だった子どもが、見違えるほど落ち着くようになりました」

「なかなか学校に通うことができなかった子どもが、自分の部屋の片づけを始め、それから1週間後、学校にも行くようになりました」

など、うれしい報告もたくさんいただいています。

家のお手伝いは毎日の小さなことですが、子どもたちへの影響力は大。そして家庭という小さな社会の小さな取り組みが、世界を変えていくと私は思っています。

家事は家族事《かぞくごと》。お母さんだけのものではない

とは言っても、突然、「さあ、今日からみんなで家事をやりましょう！」では、家族もどうすればいいのか分かりません。まずは、**「仕組み」をつくり、パートナーや子どもたちと真剣に向き合うことから始めます。**

家事には何があるのか、その家事でやるべきことは何か、がはっきりと共有されていることが大事です。また、これまで述べてきたように、家にあるモノが適量で、誰がやってもストレスなく、スムーズに運ぶ状態が必要です。

今までなんとなく自分ひとりで頑張っていた方は、ちょっとだけ家族に任せてみませんか？　家事は「家族事」です。お母さんだけがするものではありません。

家族みんなで一緒に楽しめる「仕組み」をつくり、お手伝いと片づけを「遊びの延長」に演出すれば、家事を家族事にするのは難しくありません！ 子どもたちも、楽しみながら、「家事力」「自立する力」「生きる力」をどんどん身につけていきます。日々の生活もお互いゆとりをもつことができます。

家の手伝いは面倒だな、遊びたいという子どもの気持ちもわかりますが、大人になったときに、**「家事をやっていてよかった」ときっと思ってくれるはず！**

また、家族にお願いするのが心苦しいと思う方、お願いした分いっぱい感謝すればいいのです。

「あなたが食器を洗ってくれたおかげで、もう一品多くつくれたよ」

「いつもお風呂をピカピカに磨いてくれてありがとう。一日の疲れが全部とれるよ」

と**感謝をいっぱい口にしましょう。**

家事をひとりで抱え込んでイライラするのではなく、誰かに頼っていいのです。これが、家事も育児も仕事も人生もうまくいく〝近道〟だと私は信じています。一緒に無理なくステップアップしていきましょう。

お手伝いの「開始時期」は何歳から？

「お手伝いは何歳くらいから始めればいいですか？」とよく質問されます。

当然個人差がありますが、たとえば我が家の末っ子は、1歳あたりから、洗濯物を洗濯ネットから出し、そこからタオルを干す人に手渡すところから始めました。洗濯担当だった長男のお手伝い係です。他にもお姉ちゃんが洗っている食器を拭く、片づけるなど、家族がしていることを手伝いながら学んでいっています。

兄弟がいない場合は、**「お母さんのマネをしたい！」がお手伝い開始のサイン**です。洗濯物を干すお手伝いでも、玉ネギの皮を剥く、レタスをちぎるなどでも、本当にスモールステップでいいのです。**興味のあることから始めてみましょう。**部屋の掃除機がけは難しそうに見えますが、案外簡単で、幼児期からおすすめです。朝の分担を任せられるのは5歳ぐらいからでしょうか。最初は10分くらいがちょうどいいです。

子どもの「やってみたい！」を見逃さない

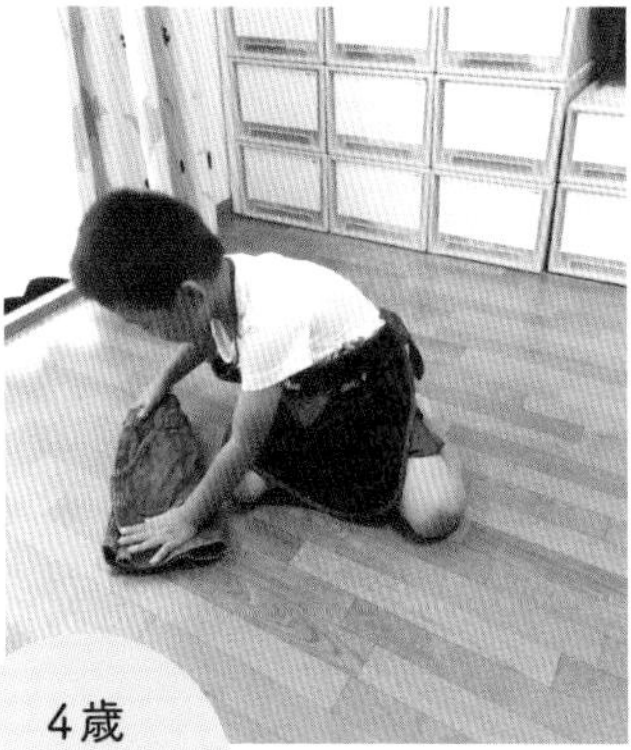

4歳
洗濯物をたたむ

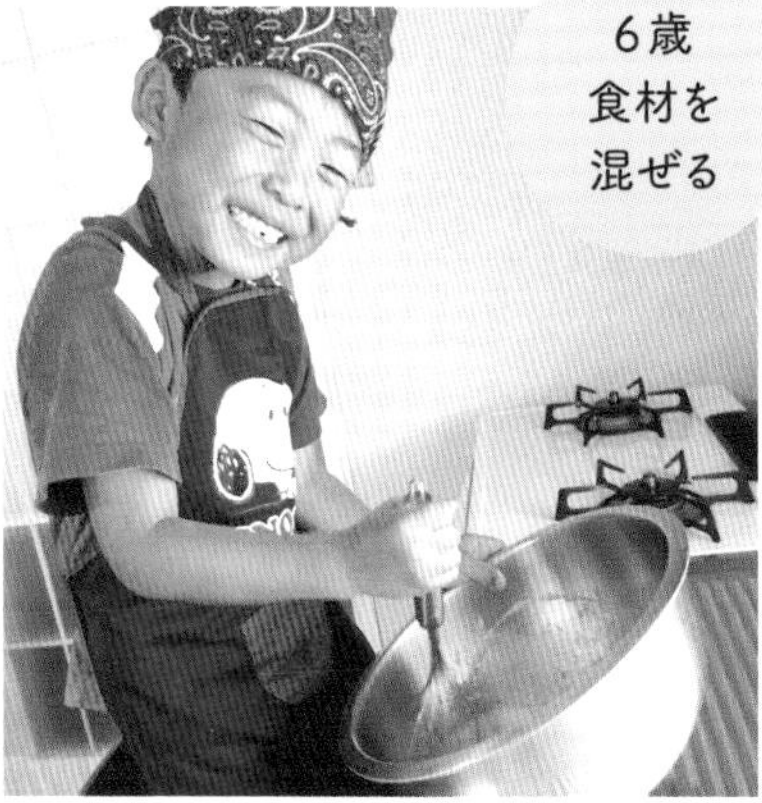

6歳
食材を混ぜる

6歳
食器を拭く

たたむ、混ぜる、拭く……どんな小さなことでもいいのです。
達成感が自信になり、自尊心を育てます。

実践してみよう

お手伝い第一歩は、玄関掃除がオススメ

実際にお子さんに「はじめてのお手伝い」をしてもらうとき、オススメは「玄関掃除」です。玄関は比較的狭く、その上、様々な工程を体験できます。もちろん、お手伝いをしてもらう前に、余計なモノは片づけて1軍だけにしておきましょう！

玄関の掃除にはどんな工程があるか、写真で見ていきましょう！

写真の女の子たちはお片づけ塾の生徒さんのお子さんで、3～4歳です。

小さな手にぴったりのミトンなどを用意してあげるのも、やる気がアップしますね
①靴箱の上を拭く

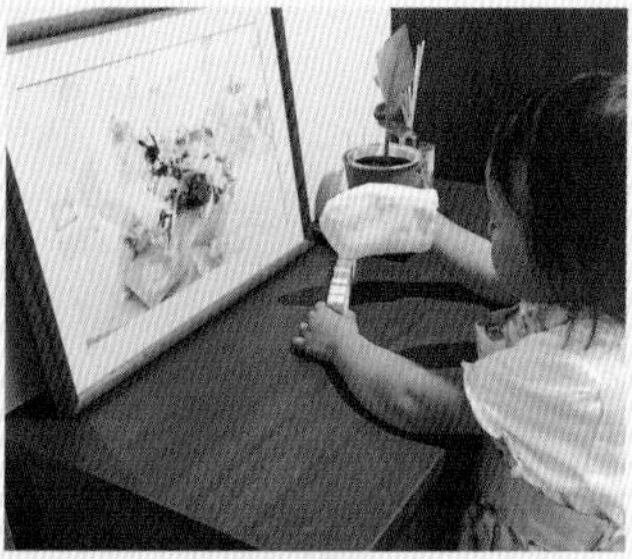
②飾りモノを拭く

③靴箱の扉を拭く

④鏡を拭く

⑤ドアを拭く

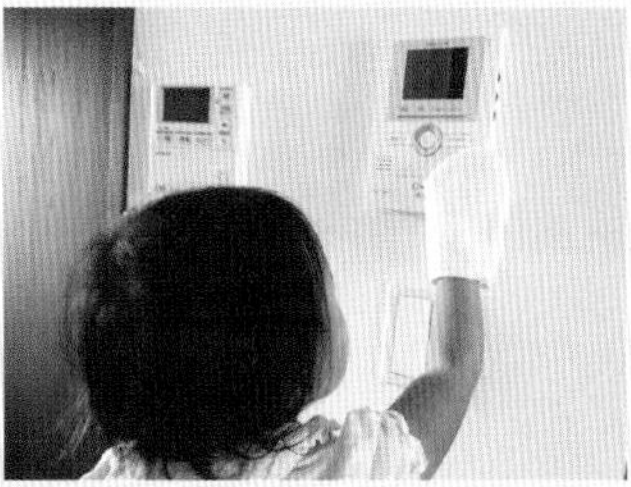

⑥モニターフォンを拭く

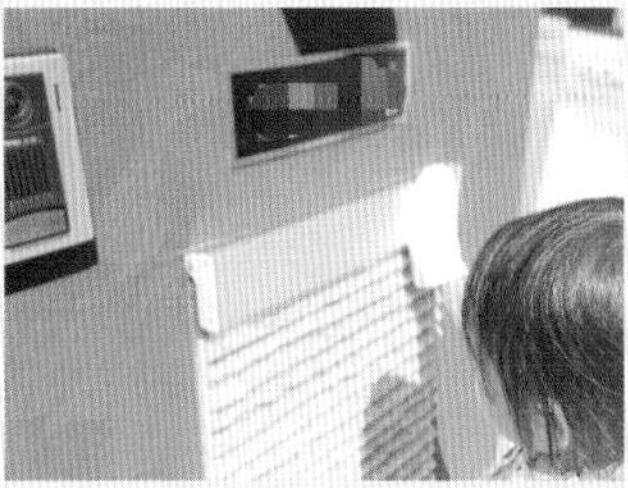

⑦郵便受けを拭く

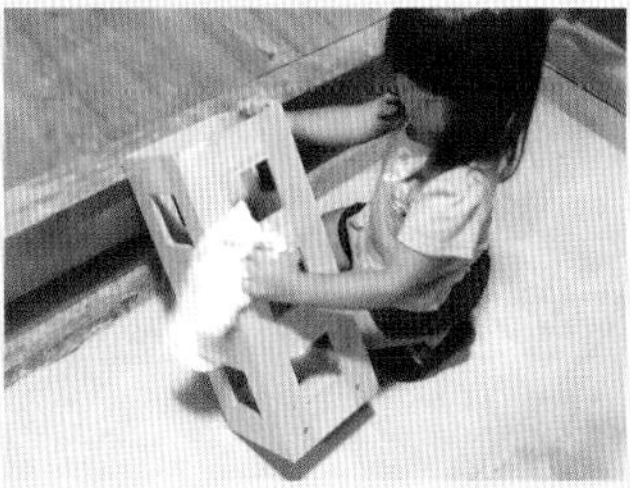

⑧傘立てを拭く

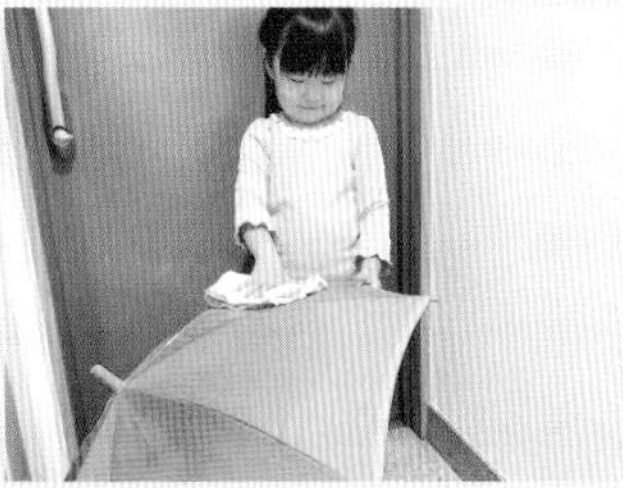

⑨傘を拭く

⑩靴を磨く

⑪靴箱の中のモノを出す

⑫靴箱の中を拭く

⑬たたきを掃く

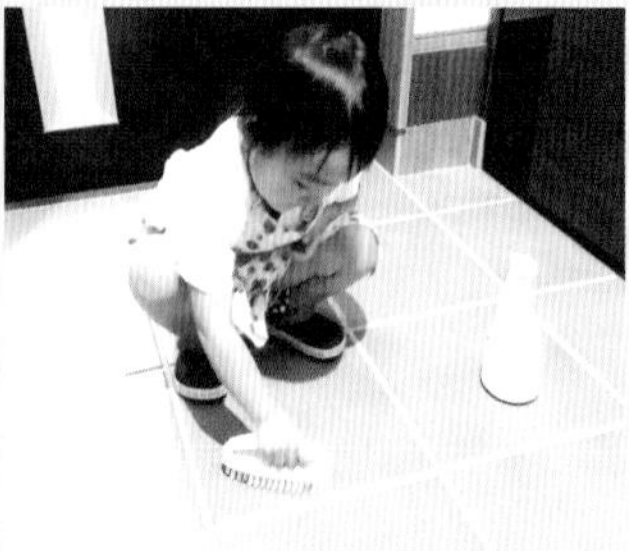

⑭たたきをブラシでみがく

おすすめのグッズ

・セリアの「ふるさとほうき」
・セリアの「ミニほうきとちりとりセット」

軽くて
使いやすい

セリアのミニほうきとちりとりはコンパクトなサイズでしかも自立するのでオススメ。ブラシ部分が柔らかすぎず、適度な硬さで掃きやすい。

白いミトンは
お母さんの
手づくり
セリア
「ミニほうきと
ちりとりセット」

みくろママの
ワンポイント
レッスン

＊玄関掃除には、どんなものがあるか、子どもに聞いてみましょう。どの順番でやると効率よくできるか、話し合ってみましょう！

＊ほうきで掃くとき、マスキングテープでゴミを集める場所を分かりやすくしてあげましょう（⑬）。最初は30㎝角くらいからはじめ、徐々に枠を小さくしていきましょう。

＊玄関掃除を行ないながら、日頃から靴を脱いだら揃えることの　大切さを教えてあげましょう。

あと30分したら
片づけようね～

大事なのは「早めの予告」。子どもにも心の準備が必要です

子どもが気持ちよくお手伝いしてくれるようになるには、**「タイミング」を合わせる**ことが重要です。

子どもは大人に比べて、気持ちの切り替えがまだ苦手です。たとえば遊びに夢中のときに、いきなり「さぁ、片づけよう！」と言ってもすぐには乗り気にはなれないでしょう。重要なのは**「早めの告知」**です。たとえば、「3時におやつにするから、それまでにテーブルを片づけようね」など。それを**1度ではなく、何度も繰り返します。**

そうすると、子どもの気持ちの中でも折り合いをつける時間が確保できます。時計を一緒に見ながら、時間の流れを「見える化」するのもひとつの手です。

また、片づけてリセットする習慣を、暮らしに組み込んでおくのもいいでしょう。

前述したように、**我が家も1日3回のリセット時間を習慣にしています。**

子どものやる気を育てる「声かけ」の仕方

子どもがグズグズしていると、つい「何度言ったらわかるの」「どうしてできないの」など、責めるような言い方になってしまいがちです。怒ってばかりだと、子どもはもちろん、親もイヤな気分になりますね。

ちょっと立ち止まって、親子の関係が**「叱る人」と「叱られる人」**になっていないか、一度確認してみてください。もし、そうであったら、心を落ち着かせて、親子の関係を見直してみましょう。

小さなお子さんでも、怒られたからイヤイヤやるのではなく、**自ら片づけたいと思うようにすることは「声かけ」次第でできます。**

とくに、小さいお子さんには単に「片づけなさい！」と言っても効果はありません。

ポイントは、**「片づけると、どういういいことがあるか」をイメージできるような声かけをすること。**

我が家では食事の前に、それぞれが部屋を片づけて〃リセット〃するのですが、それは「気持ちよくご飯を食べられるから」です。

「さあ、スッキリ片づけて気持ちよくご飯を食べよう」など、**片づけると「自分が気持ちいい」**という感覚を育むことを心がけ、声をかけています。

【2〜12歳児向け】小学生までの声かけ

自主性を持った片づけを、小さな子ども自身ができるようになるための声のかけ方をいくつかご紹介しましょう。

＊わかりやすいメリットを最初に伝えてあげる

「これを片づけたらおやつにしよう」「遊びに行こう」

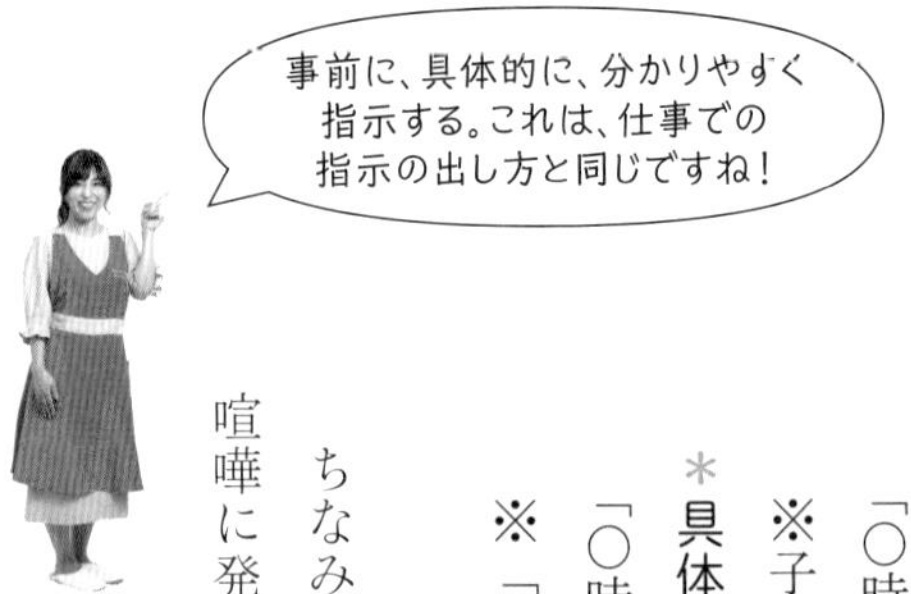
事前に、具体的に、分かりやすく指示する。これは、仕事での指示の出し方と同じですね！

＊お母さんからの希望やお願い

「お母さんと一緒に片づけてくれるとうれしいな」「今、手伝ってくれるかな？」

＊選ぶ余地を持たせる

「Aの箱とBの箱どっちを片づける？」

＊事前に伝えておく

「○時になったらお片づけしようね」「今週末、おもちゃコーナーを整理しよう」

※子どもは大人のようには、すぐに切り替えられないので、事前に予告する

＊具体的に指示する

「○時になったらご飯を食べるから、机の上のブロックを片づけてね」

※「もう片づけて、わかるでしょ」ではなく、具体的に

ちなみに、ゲーム感覚で行なうのもいいのですが、これを兄弟間でやってしまうと喧嘩に発展しやすいので、「タイムトライアル」のように、「タイムを計る」「曲を流しているうちに終える」など、自分との競争という設定がいいでしょう。

中高生には「片づけた後」の声かけが大事

中学、高校生になると、何をすればいいかは本人も分かっているので、**「いつまでにお願いね」**ということだけ、はっきりと伝えます。

こちらのポイントは、**「片づけ後の声かけ」**。たとえば、長男、次男に対しても「片づけて当たり前」ではなく、**できたことを〝さりげな〜く〟言葉にしています。**「洗濯物たたんでくれてるね〜」とか、「カバンが床にないから歩きやすいな〜」など、独り言のような感じでボソッとつぶやく（笑）。それによって、「お母さんは見ている」と気づいてもらえます。反抗期に入ってくると、直接的な言葉が響きにくくなります。**「ちゃんと認めてくれている」と〝感じてもらう〟のも大事**だと思います。

とはいっても、中学生にもなると塾に部活にと色々忙しくなって、やりたくないときもあるでしょう。その場合は、**まずは子どものその気持ちを受け入れます。**

そして、「どこまでならできるのか」を相談します。
子どもにとっては、「自分の今の気持ちを分かってくれている」というのが大事だと思いますので、逃げ道を用意するようにしています。

まずは「子どもの気持ちを受け入れる」

具体的に例を出して説明しましょう。たとえば、子どもからやりたくないと言われたとき。頭ごなしに、「えっ、なんで⁉ 約束したでしょ！」はNG。

「そうだよね、昨日、寝るの遅かったもんね」
「今、勉強大変なのかな」
「今、部活大会前だもんね、だからそういうふうになるよね」

など、まず、子どもの気持ちを受け止める。そして、「こっちの半分をやるから、これだけはできるかな？」などと子どもに選択肢を持たせるといいでしょう。

「声かけ」がやる気を育てる！

失敗して当たり前！「じゃあ、どうするか」仕組みづくりが親の役目

子どもにお手伝いをしてもらうためには、**「安全性の確保」**は絶対外せません。道具は子どもの手の大きさに合わせたものを用意してあげたいですね。**食器類は子どもでも無理なく手が届く場所に置くなどの工夫も必要**です。

子どもがやることですので、もちろん失敗もたくさんあります。以前、長男が皿洗いを担当していたときに、スプーンが排水口に流れてしまい、ゴミと一緒に捨ててしまうことが何度かありました。そんなときは、責めたりするのではなく、**「じゃあ、どうすればいいのか」と一緒に考えます。**そして、その後、食器を洗うときには、スプーンが全部揃っているかを意識的に確認するようにしました。

実はこの考え方もファストフード店で仕事をしていたときに身につきました。ある店舗でチキンを入れるバスケットがよくなくなっていました。間違えてゴミと一緒に

捨ててしまっていたのです。そのため、閉店後に、バスケットが全部揃っているかをきちんとチェックするようになりました。

とはいえ、子どものお手伝いに破損や紛失はつきもの。食器などはいざなくなっても買い足せるものを購入しています。お皿もコップも割れることはあります。でも、失敗からしか学べないこともあります。割れたモノはしょうがない。今後の心がけ次第で防ぐことができるものはきちんと話し合います。

どこに戻せばいいか分かりやすく配置

末っ子の食器は低い位置に取り出しやすく。

数が揃っているか分かる仕組みに

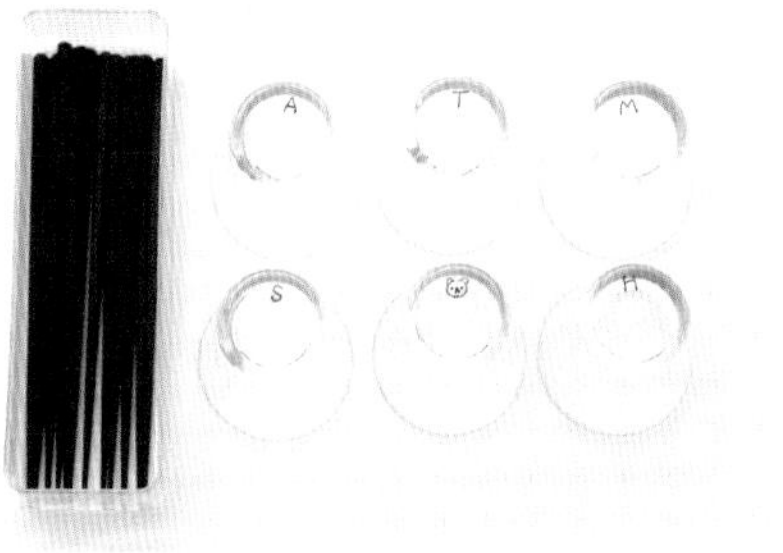

コップはシンプルなモノで買い足ししやすいモノを。お箸は同じモノを購入して揃えやすく。

達成感が出る仕掛け

「おてつだいひょう」をつくり、できたことにシールを貼っていく仕組みをつくると楽しく続けられます。

子どもが「使いやすく・片づけやすい」おもちゃ収納アイデア

末っ子がまだ小さかったころは、おもちゃはボックスで管理していました（今もブロックなどはボックスです）。我が家はニトリのインボックスを愛用。**このボックスに数字をふっておきます。**片づけるときは、「4番のお家はお母さん片づけるから、5番のお家は片づけてね」と声かけできる仕組みです。

まだ数字や文字がわからない年齢では、動物のシールを貼り、動物さんからのメッセージを加えました。たとえば、左ページの写真のように。そして、「かばさんはなんて言っているかな？」「くるまくんおかえりって言ってるよ」とコミュニケーションしながら親子で一緒に片づけます。

「今、片づけたけど、キリンさんなんて言ってるかな？」「またあそぼうねって言ってくれているよ」と。楽しいお片づけ時間になります。

ボックスにつける数字やシールは、ボックス自体と箱を置くスペース両方につけるのがポイントです。ボックス自体が床に出ているときに、元に戻しやすくなります。

ラベルに「片づけるときに見えるとうれしくなる文言」を貼っていました。ちょっとしたことですが、子どもたちには励みになるようです。

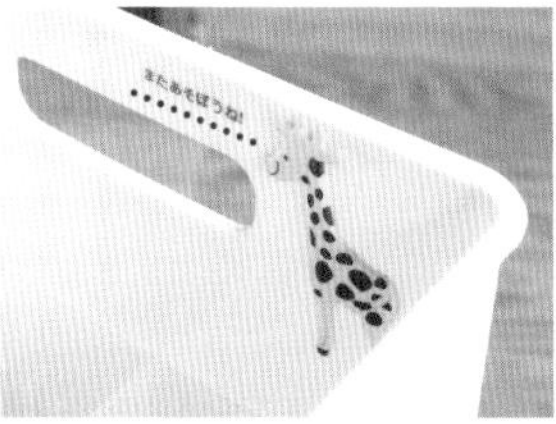

末っ子が4歳のときのおもちゃコーナー。

バラバラになる
おもちゃは
巾着に
片づけられて

ニトリの「N インボックス」に 100 円ショップの野菜ストッカーを入れて
スペースを区切っています。

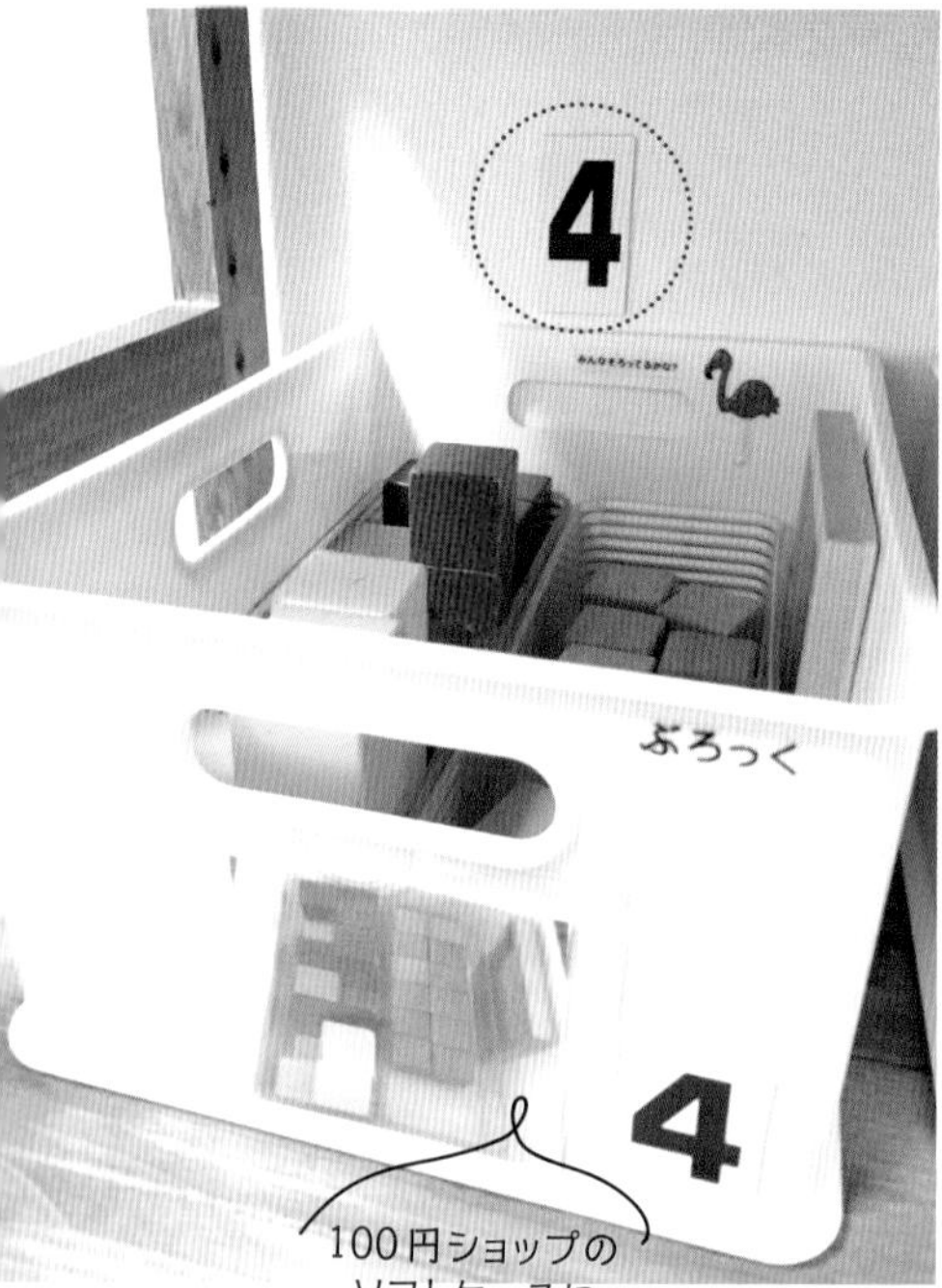
ソフトケースに
写真を入れる

棚にも
ラベリング

ボックスにだけではなく棚にも番号をつけると、箱ごと出しても元に戻しやすくなります。箱には元の中身の状態の写真をソフトケースに入れて貼りつける。ソフトケースを使用すると、中身が変わっても写真をサッと入れかえるだけ。

パズル収納

バラバラになりやすいパズルは、100円ショップで買えるB4のビニールネットケースL型ファスナーが出し入れしやすいのでオススメ。

写真を見ながら元通りに

完成図の写真
ラベリングの代わりに写真を貼っています

今ではラベリングをしなくても、おもちゃコーナーの完成写真1枚で元に戻せるようになりました。

「大人が楽しそう」＝「面白いこと」

子どもにとって親の影響はとても大きいものです。親が「は～、片づけしないといけない」「ああ、しんどい」などと言っていると「家事＝しんどい」と脳に植え付けられてしまいます。

だから、**たとえしんどくても、そこは女優になりきって、「料理って楽しいなぁ」「今からスッキリしようかな～」など演じて見せることも大事です。**きっと「家事＝楽しい」というイメージが脳の中に残っていくと思っています。

そして、「家事って、楽しいこと、気持ちいいことなんだ」と実際に経験したら、自然と「自分でやってみようかな」となります。

また、モノを擬人化して気持ちを伝えるのも効果的。「大切にしてあげるとおもちゃが喜んでるね～」など。自分が好きなモノのために頑張ろうって思えるようです。

今日は忙しかったなあ…
つかれた
料理ってたのしい
あれもこれもやることたくさん
キレイだと気持ちいいな～

床にポイッ！「ランドセル置きっぱなし」問題を解決

ランドセルや中高生の通学用バッグは、我が家ではさっと置ける専用の棚をファミリークローゼットの部屋につくっています。**玄関から5歩の場所にあるので、置くのを面倒くさがらず、みんなきちんと置いてくれています。**

「ランドセルを玄関にほったらかしにしている」などというお悩みはよく聞くのですが、まずは、親が子どもに歩み寄る必要があります。現時点では、どこに置くことになっているのか、実際には子どもがどこに投げ捨てているかを観察してみてください。

子どもがいつもそこに置くのは、動線に合っていてラクだから。そうならば、その近くにランドセルの定位置をつくってはいかがでしょうか。

棚をつくってもそこに置かない子も結構いるので、もっと出し入れしやすいカゴを用意してあげるのも一案です。

仮に動線に合っている場所をつくれないなら、たとえば、2階の子ども部屋に持って行くのは子どもにはなかなか難しいことなので、**「寝るまでは階段に置いてOK」などと逃げ場のあるルールを持つのがいいですね。**

もちろん、玄関に置いたままでも気にならない方は、玄関の近くに置き場をつくってあげてください。お互いが心地よくなるルールをみつけましょう。

子どもが
ラクなところが
ベスト!
階段での一時置きは、安全に上り下りができるスペースを確保しましょう。フックにかけるか、カゴを用意して、階段にポイと置いてしまわない工夫を。

ランドセルラックは、ランドセルを写真のように寝かせた状態で置ける奥行きがあると、棚に置いたまま中身を出し入れできて便利です。ランドセルの横に手提げなどがかけられるスペースをつくっておきましょう。写真はともに片づけ塾の生徒さんのご家庭でのランドセル置き場です。

子どもが「片づけやすくなる動線」は必須

ファミリークローゼットの部屋にある通学カバン置き場と制服コーナー。玄関から５歩の場所に。帰宅後はここで荷物を置き、着替えて手を洗います。

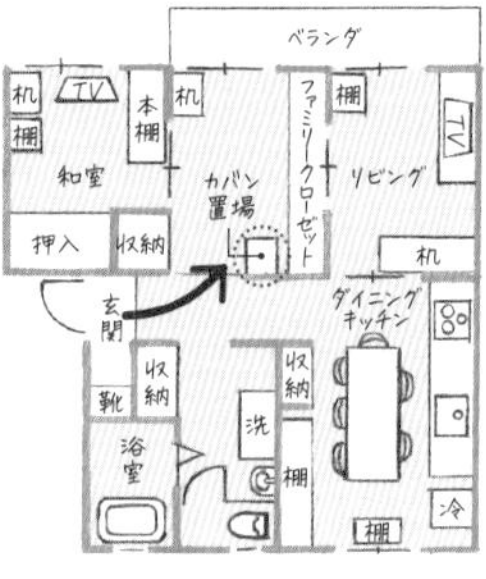

「紛失・忘れモノを減らす」ためにできること

末っ子はADHDの特性があります。色々なことに興味津々である分、忘れモノもよくあります。「忘れモノしないで」「なんで忘れモノするの?」と言ってしまいたくなりますが、どうすれば彼が忘れないか、その仕組みをつくることに力を注いでいます。たとえば、**ランドセルの内側に、143ページの写真のようにラベルを貼っています。**ランドセルを開くたびに目に入ることで、少しでも気づいてもらえるようにしています。筆箱の中も「えんぴつ　5本」などとラベリングをして、なくしてしまうのを少しでも防ごうとしています。また、朝のしたくや夜に何をすればいいかスムーズにわかるように表にして、家のリビングルームに貼っています(143ページ)。

とはいえ、いろいろな仕掛けの種をまいても忘れるときは忘れます。心掛けていることは、まずは個性を受け入れること。**子どもが見ている世界、聞こえている世界**

が、**自分とは違うことを理解して寄り添う。**また、仕掛けを見て、思い出してもらえたらラッキーくらいに思うようにしています。とにかく親子で、ゲーム感覚で楽しむぐらいの気持ちがちょうどいいのではないかと思います。

末っ子は、色々なことに興味津々、いつも楽しそうです。そんな彼を他者と比べる必要がどこにあるでしょう。

みんなと同じことを、同じスピードで行なうことを求められる学校生活は大変だと思います。授業参観日や学校の行事では、私が勝手にハラハラしてしまいます。比較したくないのに、まわりと比較してしまいそうになる……。

でも、**気づけば末っ子は昨年と比べると著しく成長しています。過去の彼と比較すればいいだけ**なのですね。ダンスもかけっこも玉入れも、順番待ちも、学校の行き帰りも、今日の感想を伝えてくれる表情も全〜〜部、花丸！　すくすく育ってくれてありがとう。

教室のうしろに貼ってあった「ぼくのたからもの」。「おにいちゃん」って書いてあるのを見て胸が熱くなりました（家族って書いている子もいたけど・笑）。

紛失・忘れモノを防ぐ仕掛け

末っ子のランドセルに貼ったシール。少しでも「気づく」チャンスを増やしたい！

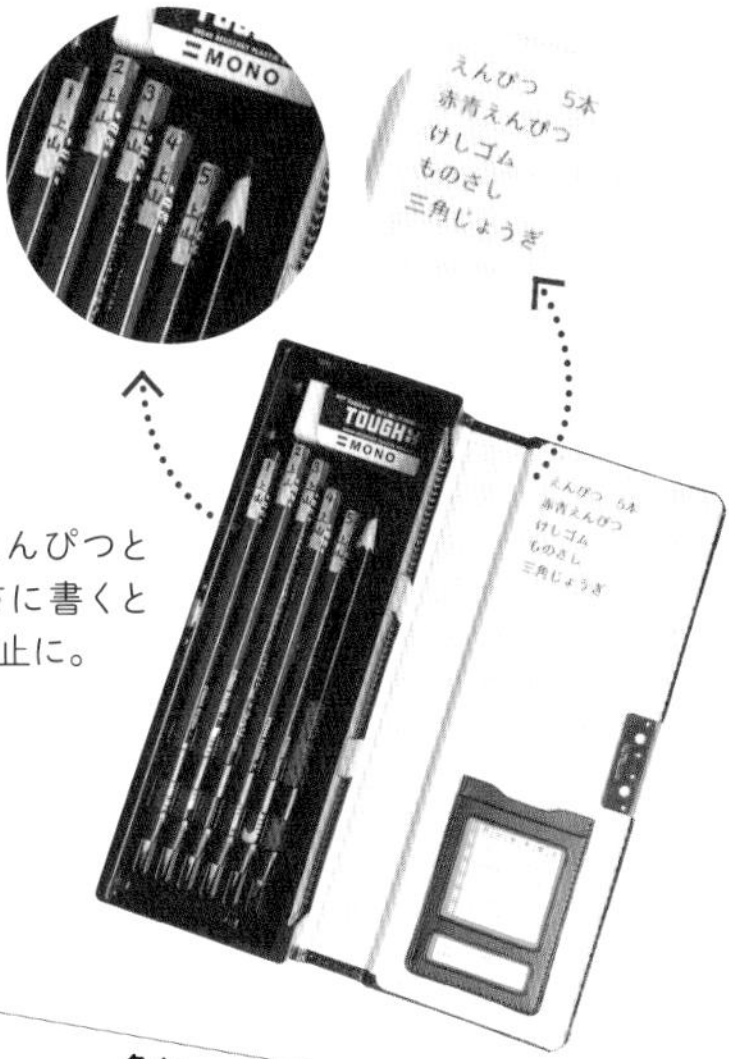

本数をえんぴつと筆箱両方に書くと紛失の防止に。

末っ子の朝の「したくリスト」と夜の「することリスト」

6:30		おきる
6:35		トイレに行く うがいをする
6:40		きがえる ハンカチ・ティッシュ
6:45		ごはんをたべる
7:00		水とうをよういする
7:05		にもつをげんかんへ
7:10		はみがきをする かおをあらう
7:20		そうじをする
7:30		じゆうタイム
7:50		いってきます

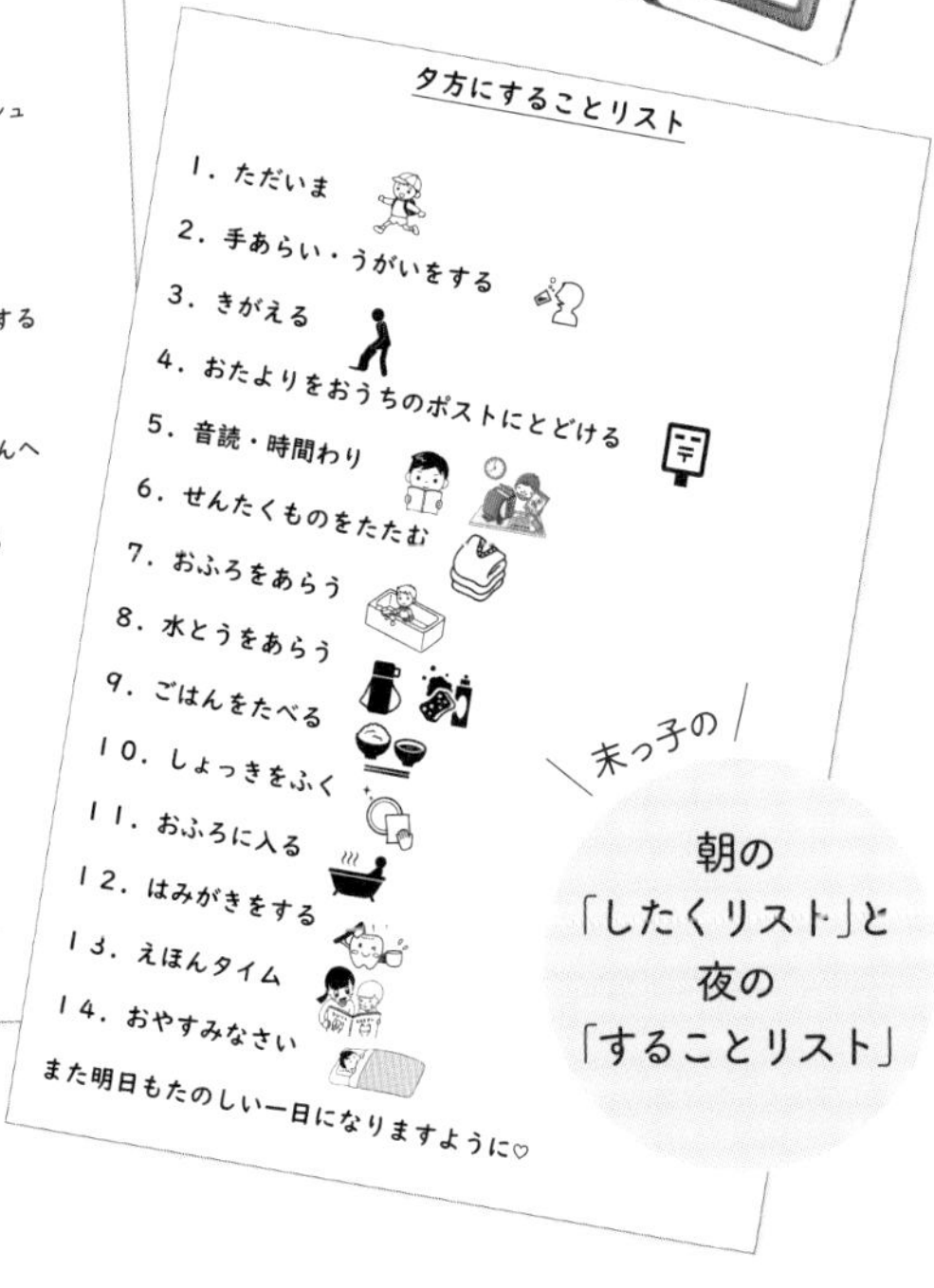

みくろママ
オススメ!

子どもと一緒に読みたい!

「お片づけしたくなる本」

『かたづけしないとどうなるの?』

文:ひらい たろう　絵:ヲバラ トモコ
/あいうえお館
本体価格700円+税

ひらがなが読めないお子さんでも、絵が分かりやすいのでオススメ。ヒーローや怪獣が好きなお子さんはとくに何度も読みたくなるはず。

『ななちゃんのおかたづけ』

つがねちかこ
/赤ちゃんとママ社
本体価格1,000円+税

おもちゃの気持ちが
よく分かり、
モノを大切にする心が
養われます。

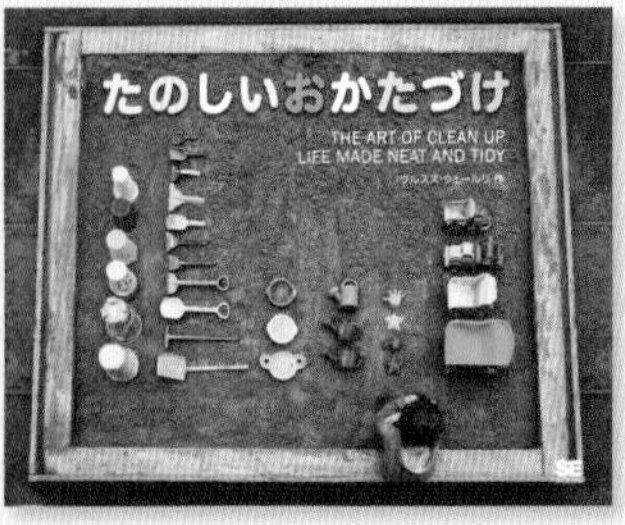

『たのしいおかたづけ』

ウルスス・ウェールリ
/翔泳社
本体価格1,000円+税

整理(分ける)という
概念が身につきます。

「お手伝いしたくなる本」

『おかいもの なんだっけ?』

宮野聡子
／講談社
本体価格 1,400 円+税

おつかいのドキドキ感や、
感謝されること、
家族みんなで料理をすると
楽しいということを
知ることができます。

『できること おてつだい』

作：くすのきしげのり
絵：市居 みか
／廣済堂あかつき
本体価格 1,600 円+税

自分の強み（得意）を
生かすことを学べます。

『ライオンさんカレー』

夏目尚吾
／ひさかたチャイルド
本体価格 1,000 円+税

今すぐカレーがつくりたくなる。
食育にもオススメです！

時産家事で生まれた時間で絵本タイム。

5
章

「おうちのポスト」で提出物出し忘れ防止

家族6人分の書類だって問題なし！「みくろママ流書類管理」

書類は「流れる仕組み」をつくりましょう！

家の中でいつの間にかたまってしまうモノ、整理しないと困るモノの代表が、書類ではないでしょうか。

書類とひと言で言っても、保険やスマホの契約書、電化製品などの保証書や取扱説明書、手紙や年賀状、ＤＭ、レシートとさまざま。

後で見ようとチラシやＤＭなどをカウンターに積み重ね、大事なものが埋もれてしまった、なんてことはありませんか？

また、子どもたちが学校や園からもらってくる手紙やプリント類も大量ですよね。

我が家はなんと言っても４人分。新学期はとくに提出物も多く、もしも現在の「書類管理の仕組み」がなければ、提出期限に遅れたり、大事な書類をなくしたり、必要な情報をサッと出せなかったりと慌てふためく自分を想像するとゾッとします（笑）。

書類はなんとなく放置していると、管理がどんどん大変になります。

そこで、この章では、我が家が取り入れている**「心のゆとりが生まれる書類の管理方法」**についてお伝えします。

書類の管理で大切なのは**「流れ」**。

書類は「流れ」を止めてはいけません。

家庭の中に持ち込んだときの**「入口」から「廃棄」まで、家族みんなが分かりやすくて簡単に「流れる仕組み」が必要です。**

これからご紹介しますが、私は書類を**「入口」「保管」「掲示」**に分けて管理します。

講座などではそれぞれ赤、青、黄色と信号と同じに色分けしてご説明しています。

「不要な書類」は立ち入り禁止！

「入口」は赤信号で〝止まれ〟です。あなたの家に、必要な書類も不要な書類も無制

書類の流れ

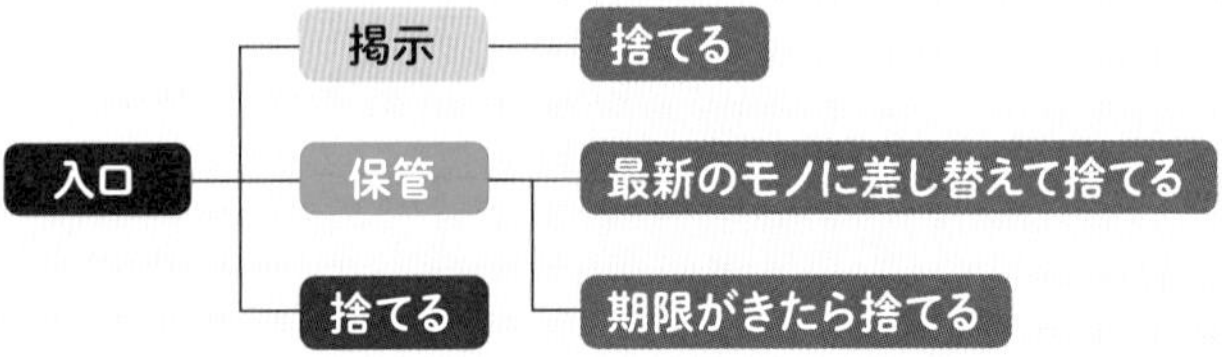

限に入ってきていませんか？**「入口」では〝審査〟は厳しめに、DMなど不要な書類はここで必ず廃棄しましょう。**必要ないモノはすぐに捨てる、迷うモノは写真に撮って手放します。

また、みなさんのご家庭では、「保管」が赤信号で止まった状態になっていませんか？

「保管」でも流れは止めてはいけません。信号は青色です。不要になったものは随時抜き取る。これで書類が増えることはありません。

そして、家族の予定や、学校の行事などは、家族みんなが見やすい場所に**「掲示」**して共有します。

この一連の流れをつくることが大事です。

流れない水が腐るように、書類も流れを止めたら腐る！

「入口」は書類をチェックする場所の近く、または、協力してくれる家族が入れやすい場所に。
「掲示」は家族が見やすい場所に。来客時に気になる場合は、クリップごと外してクローゼットなどに一時保管を。
「保管」はリビングやダイニングがおすすめですが、重要書類などもあるので扉のある場所で管理を。

「おうちのポスト」で子どもの〝提出物出し忘れ〟を撲滅

書類の流れでは、**「入口」**をどう管理するかがもっとも大事です。

書類が家に入ってくるとき、無制限に、しかも何の「仕組み」もなくポイッ、ポイッと置いていくだけでは、あっという間にいたるところに〝書類の層〟ができてしまいます。ジャマになるだけでなく、重要な書類を紛失したり、提出書類を出し忘れてしまったりとさまざまな支障が出てきます。

そのような問題は、**「おうちのポスト」**と**「一時置きボックス」**をつくることで一気に解決します。

詳しくはこれから説明しますが、「おうちのポスト」には、家に入ってきた書類をいったん集めます。子どもたちは学校から帰ってきたらすぐに、お便りやプリント類をダイニングにある「おうちのポスト」に届けます。郵便受けに届いた書類も同様

おうちのポスト
と
一時置きボックス

家に入ってくる書類を1カ所に集約！

子どもも自分も
一番よく使う場所に
設置するのが
オススメですよ

我が家の「おうちのポスト」
と「一時置きボックス」。
ダイニングにあります。

に。

「一時置きボックス」は、保管コーナーに移す必要のある書類や、実際に使用するかわからないクーポン券やチラシなどを一時的に置ける場所があるといいなとつくりました。

「おうちのポスト」と「一時置きボックス」のつくり方

「おうちのポスト」「一時置きボックス」について、具体的に説明していきましょう。

【おうちのポスト】

（個別フォルダで次の2つに分けます）

◎**「提出するもの」**

……記入して提出したり、郵便ポストに投函する書類

◎**「お知らせ」**……提出不要の書類

【一時置きボックス】

（個別フォルダで次の2つに分けます）

◎**「終わったら捨てるもの」**……イベントのチラシやクーポンはがきなど

◎**「保管するもの」**……保険の更新書類や領収書、保育園や学校の注文写真など

以上の4つに分けることがポイントです。ボックス自体は、使いやすさや好み、置く場所などを考慮して「縦型のファイルボックス」でも「横型トレー式」でも問題ありません。我が家では、写真のようなファイルボックスを使用しています。

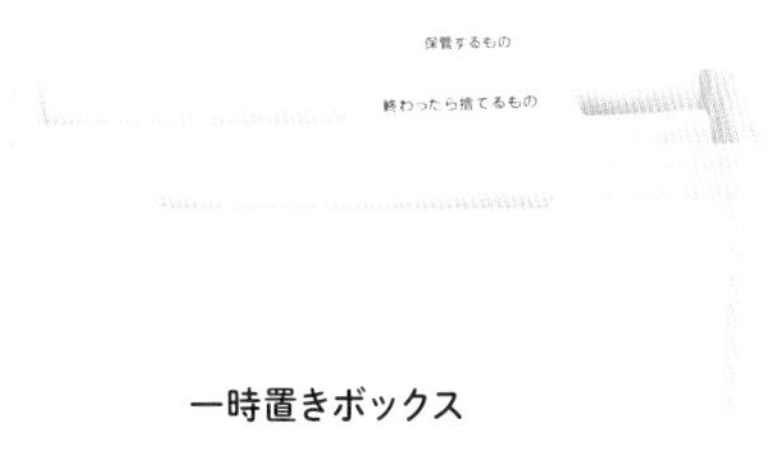

一時置きボックス

ファイルボックスは、JEJ「ステイト ファイルボックスワイド」、フォルダーはコクヨ「個別フォルダー PP製　A4」を使用。

「おうちのポスト」の使い方

「おうちのポスト」と「一時置きボックス」の使い方をご紹介します。

①「おうちのポスト」に配達しよう！

子どもたちは、学校から帰ってきてすぐ、お便りやプリント類をダイニングにある**【おうちのポスト】**まで届けます。

学校に提出する必要がある書類は「提出するものフォルダ」へ。それ以外はすべて「お知らせフォルダ」に分けて入れてもらいます。

ちなみに、テストは「お知らせフォルダ」に入れます。残しておくテストは、

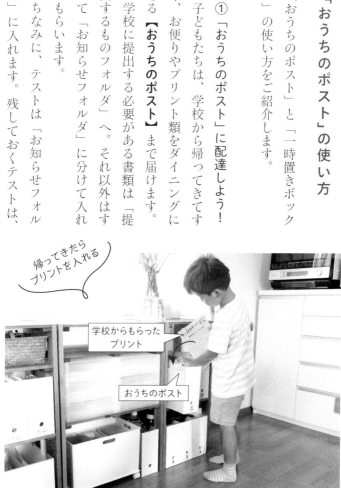

親が確認した後に子どもに戻し、それぞれが「テスト」というボックスで管理しています。

親が帰宅後、郵便受けに入っていたチラシや手紙、クーポンなどを「おうちのポスト」の「お知らせフォルダ」に入れます。その前にＤＭなど必要のない書類はその場で廃棄。

②おうちのポストをチェック！

親は、決めた時間（夕食後や就寝前）に**【おうちのポスト】【一時置きボックス】**をチェックします。

毎日プリントを
出してチェック！

「提出するものフォルダ」をチェック

提出書類は確認し記入した後、子どもたちに手渡し、もしくは通学カバンの上に置きます。ポストに投函する書類は自分のバッグに入れます。

「お知らせフォルダ」をチェック

学校の行事や給食献立表などはダイニングの一角にある「掲示ボード」に貼ります。同時に写真を撮り、家族のＬＩＮＥグループの「ノート」で情報を共有。

イベントのチラシやクーポンなど、使う可能性があるものは「一時置きボックス」の「終わったら捨てるものフォルダ」へ移動。「週末、どこに行こうかな

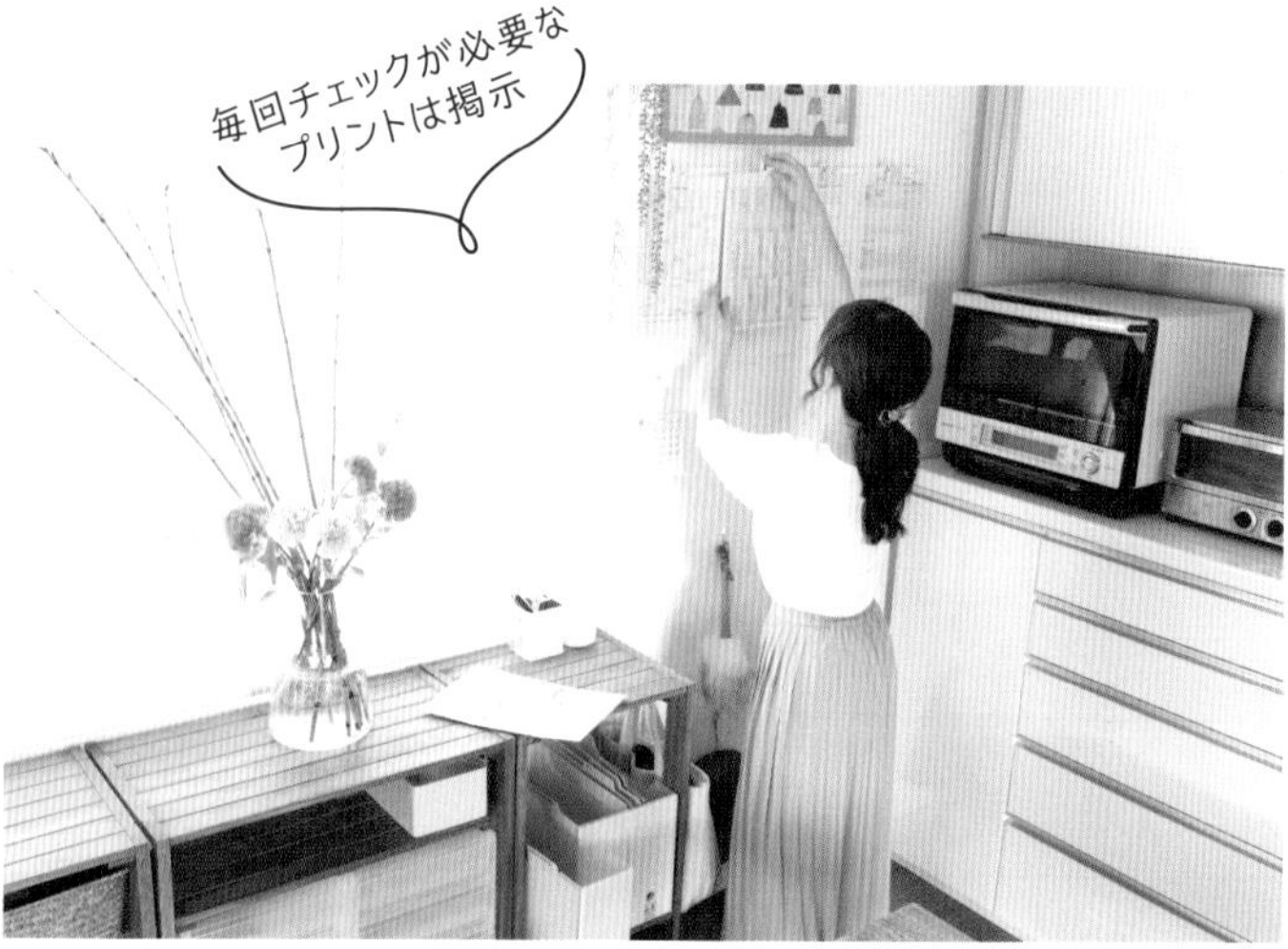
毎回チェックが必要な
プリントは掲示

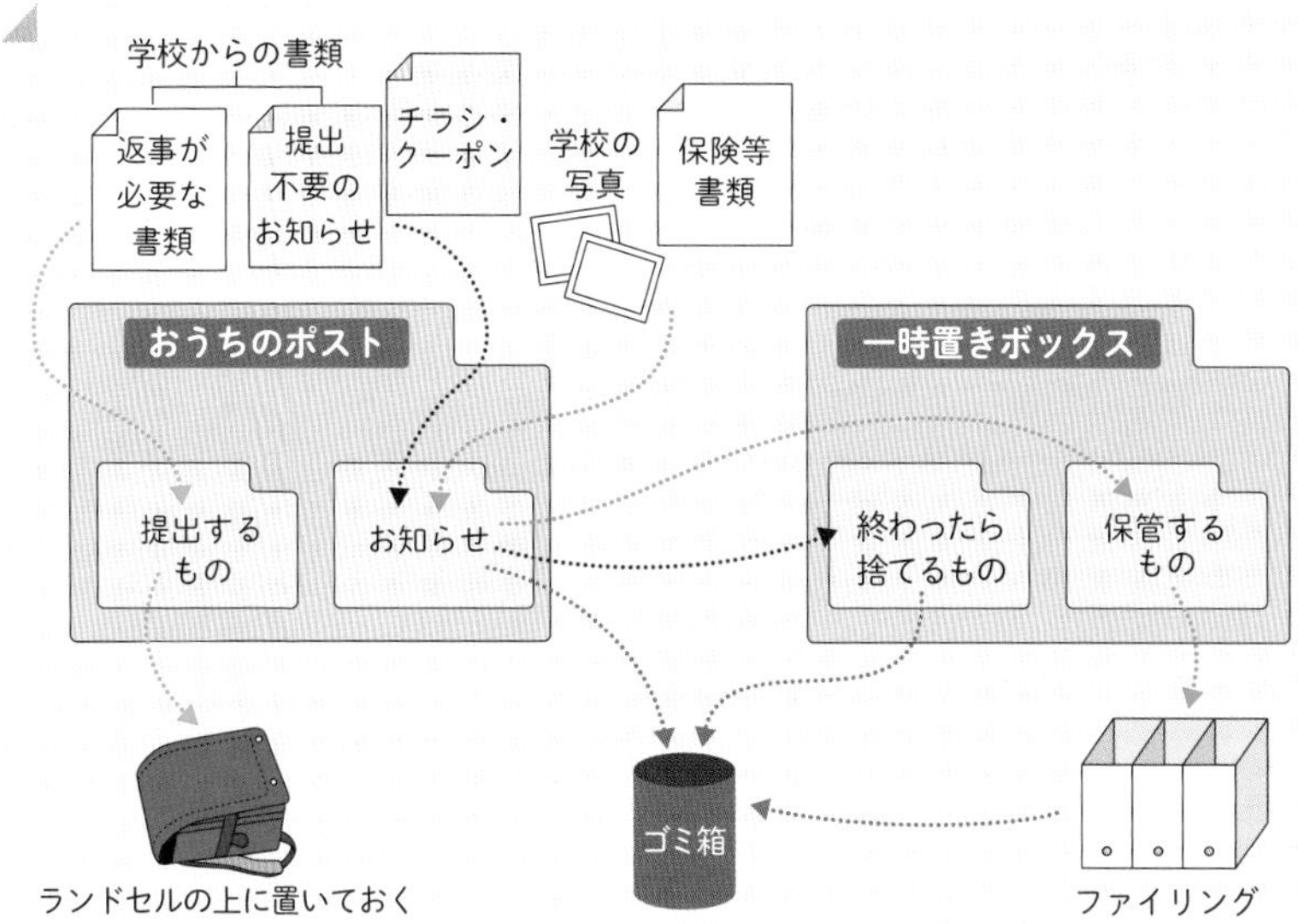

〜」というときにここをのぞきます。同時に、期限が過ぎたものがあれば抜き取って捨てる。これで期限が切れても家の中で眠り続けるということはありません。

保管作業が必要なものを「保管するものフォルダ」へ移動。保険の更新書類や領収書、保育園・幼稚園、学校で購入した写真など、保管作業がひと手間かかるものを入れておきます。

③一時置きボックスの「流れ」を止めてはいけない！

週末など時間のあるときに**【一時置きボックス】**の「保管するものフォルダ」を確認、それぞれの保管場所に書類を移動させます。保管先では、古い書類がある場合は、抜き取って捨てる。

「書類をため込まない」ためには家族の協力は必須

「おうちのポスト」「一時置きボックス」も設置しただけで終わりではありません。家族の協力を得て、活用されなければ、ただの邪魔な箱です。ここでは、特に子どもたちの協力をどう得るかを中心に**「おうちのポスト」を活用するコツ**をご紹介します。

①このシステムを導入する理由を伝えて協力してもらいましょう。

これまで、特にルールもなく、プリント類はポンッとダイニングテーブルの上に出すだけでよかったのに、「ボックスの中に入れる」という手間が増えると、なんだか面倒くさく感じるものです。

単に「今日からはこの箱に入れてね！」と言うだけでは快く協力してもらえませ

ん。**「なぜ、この『おうちのポスト』をつくったのか」を子どもにも丁寧に説明して理解を得ましょう。**

私が子どもたちに説明したときは、こんな感じです。

「お母さんね、仕事から帰ってきて夕飯をみんなのために急いでつくろうって思うんだけど、いつもテーブルの上に出してくれているお便りに目が止まって5分、10分とつくる時間が遅くなるのをいやだな～と感じてるの……。それでね、書類を入れるボックスをつくったの。そこに届けてくれると夕飯も早くつくれるし、食事のときも書類がジャマにならないからサッと食べられてありがたいんだけど、どうかな～？　届けてくれるかな～？」

②ボックスの名前は、子どもにつけてもらいましょう。

親が決めた名前（「未処理の書類ボックス」など）より、子どもたちが自分で考えた名前のほうが覚えやすいですし、何よりも、愛着が湧いてくるのでおすすめです。

ラベリングも子どもたちと一緒につくって貼りましょう。

③「ワンアクションでできる」を意識しましょう。

「おうちのポスト」はほぼ毎日使うので、書類は簡単に出し入れできるように。引き出し式だと面倒くさくて長続きしません。

設置場所も、押入れの中など扉の中に置くのはおすすめしません。棚に置く場合は、手が入る空間を空けておき、ボックス自体を全部取り出さなくすむようにしておくのがベストです。

④「日々の声かけ」で楽しみながら使いましょう。

まだ慣れないうちは、明日の学校の準備をするタイミングなどに、声かけしましょう。我が家では、「時間割りオッケ～♪　郵便屋さん今日もお届けオッケ～♪」と末っ子と一緒に歌いながら確認し合っています（笑）。

そして、**一番大事なのは、「事後の声かけ」**です。ボックスに届けてもらうことを当たり前だと思わず、届いていたときは常に感謝の気持ちを伝えましょう。

⑤アラームを活用して毎日見ることを習慣にしましょう。

せっかく子どもたちが「おうちのポスト」に届けてくれても、親がボックスの中を見ることを忘れてしまったら意味がありません。「どうせここに届けたって、お母さん見てくれないし」と、そのうち協力してくれなくなってしまいます。

自分の習慣になるまでは、決まった時間にアラームを設定しておき、必ず見るようにしましょう。

「掲示」――大事な情報は共有して行き違い防止

「掲示」するのは情報を家族で共有するため。子どもたちとも共有したいので、リビングにIKEAのマグネットボードを貼り、そこにクリップ式のマグネットを使って掲示しています。スマホを持っている家族間では、LINEでグループをつくり、「ノート」で情報を共有もしています。外出先でも下校時刻などを確認できるので安心。

掲示する場合、見やすさを優先しましょう。我が家の場合、スペースの都合から、4分類までとしています。**「人別（子ども4人分）」**に分類していますが、「保育園、小学校、習いごと」のように並べてもいいですね。

「掲示」で大事なのは、**差し替えが簡単か**ということ。学校のお知らせは毎週のように更新されることもめずらしくありません。マグネット式だと簡単に入れ替えできます。コルクボードに画びょうで留めておくと、枚数を多く留められないのが難点です。

掲示ボード

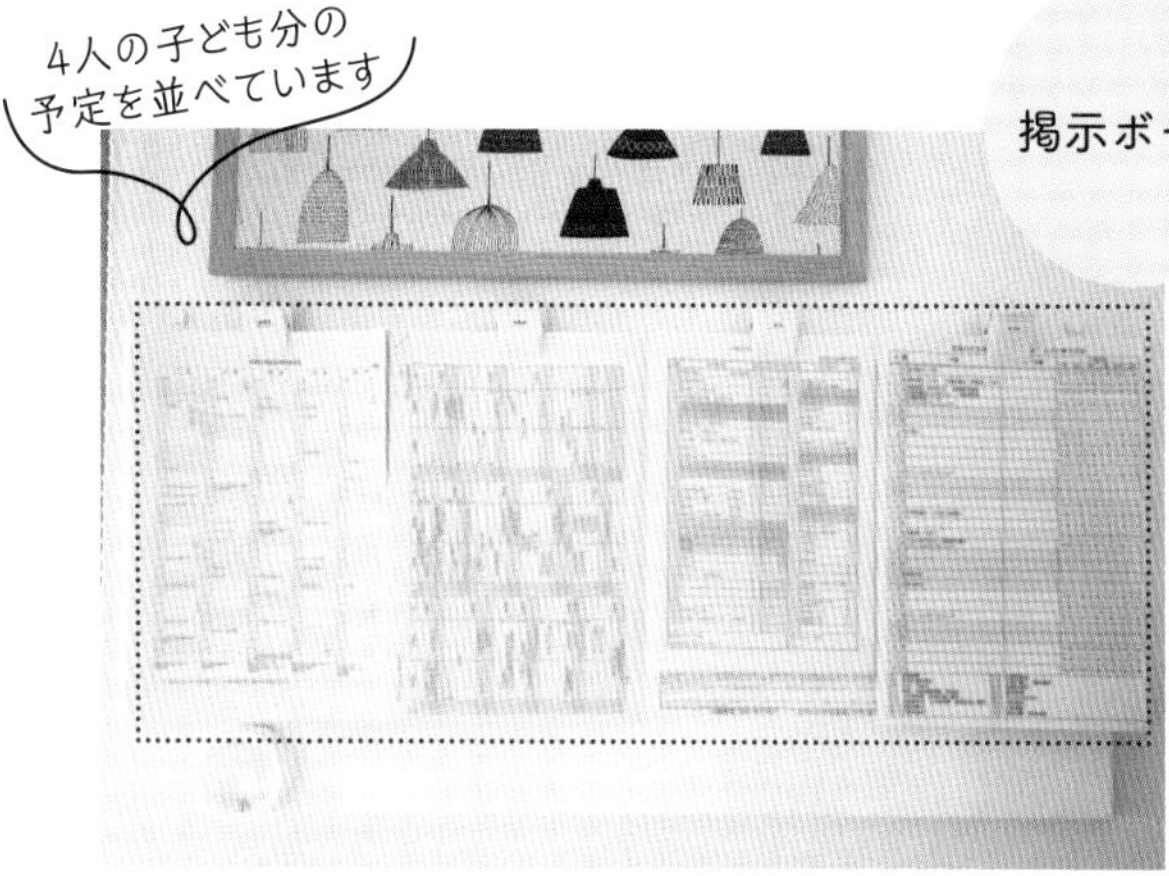
4人の子ども分の
予定を並べています

マグネット式の
クリップでとめる

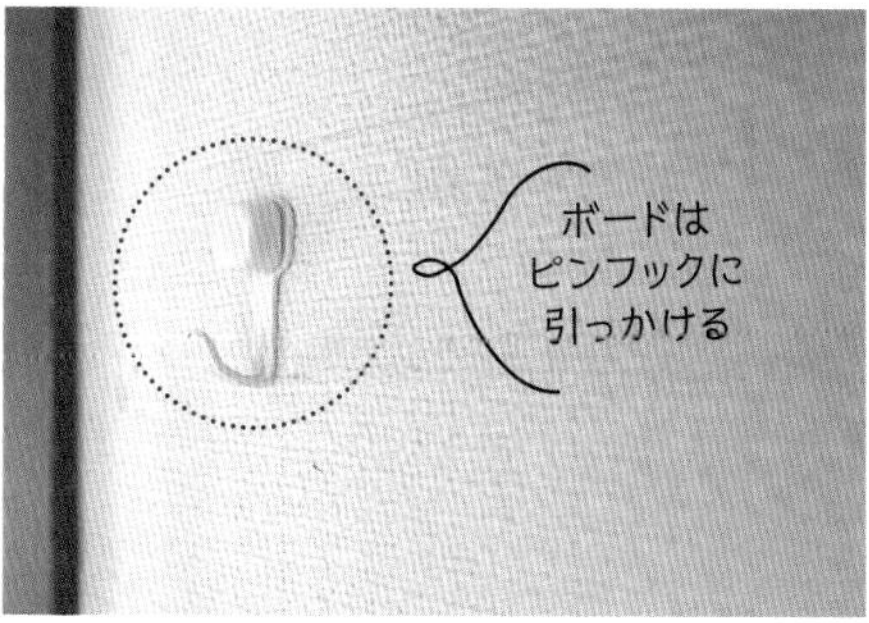
ボードは
ピンフックに
引っかける

我が家の「掲示」（上）。ダイソーのマグネットクリップで掲示しています（中）穴跡が目立たないピンフックを使用（下）。

保管書類は「バーチカルファイリング」が断然オススメ

保管する方法は、断然**「バーチカルファイリング」**が便利です。バーチカルファイリングとは、**書類を「フォルダ」などに挟み、それを「ファイルボックス」に入れ、立てて（バーチカル）管理する方法**です。従来のポケットファイルなどに入れるファイリングに比べて、３つのメリットがあります。

①中身が一目瞭然

検索性がアップします。フォルダにしておくと細かい分類が一覧できます。

②作業効率がアップ

ポケットファイルなどと違い、順番を気にせず書類や項目の増減に対応できる。綴じたりしていないので抜き差しがラクにできる。

③保管から廃棄まで一貫したシステム（流動性）

フォルダは挟み込むだけなので、新しいモノが来たときに古いモノが捨てやすい。
また、書類はなるべく1カ所、もしくは2カ所に集めて管理するのがおすすめです。

家の書類は、ダイニングのクローゼットに（上）。テレビ下にパソコン作業でよく使う仕事の書類を保管しています（下）。

実践！【書類整理】まずは家中の書類を集めましょう！

それでは、書類整理の方法を詳しくみていきましょう。

①家庭にある書類をすべて集める

紙袋や段ボールに、次のようにおおまかに分類しながら集めると、その後がラクになります。

◎**契約や資産などに関する書類**……銀行・クレジット関係の書類、ローンの書類（住宅・車・教育など）、不動産関係の契約書、保険に関する書類（健康・建物・車など）、源泉徴収票、給与明細、年金関連の書類、税金に関する書類（確定申告・固定資産税など）、公共料金の契約書、スマホ、プロバイダーなどの契約書

時間経過でみる文書の利用度

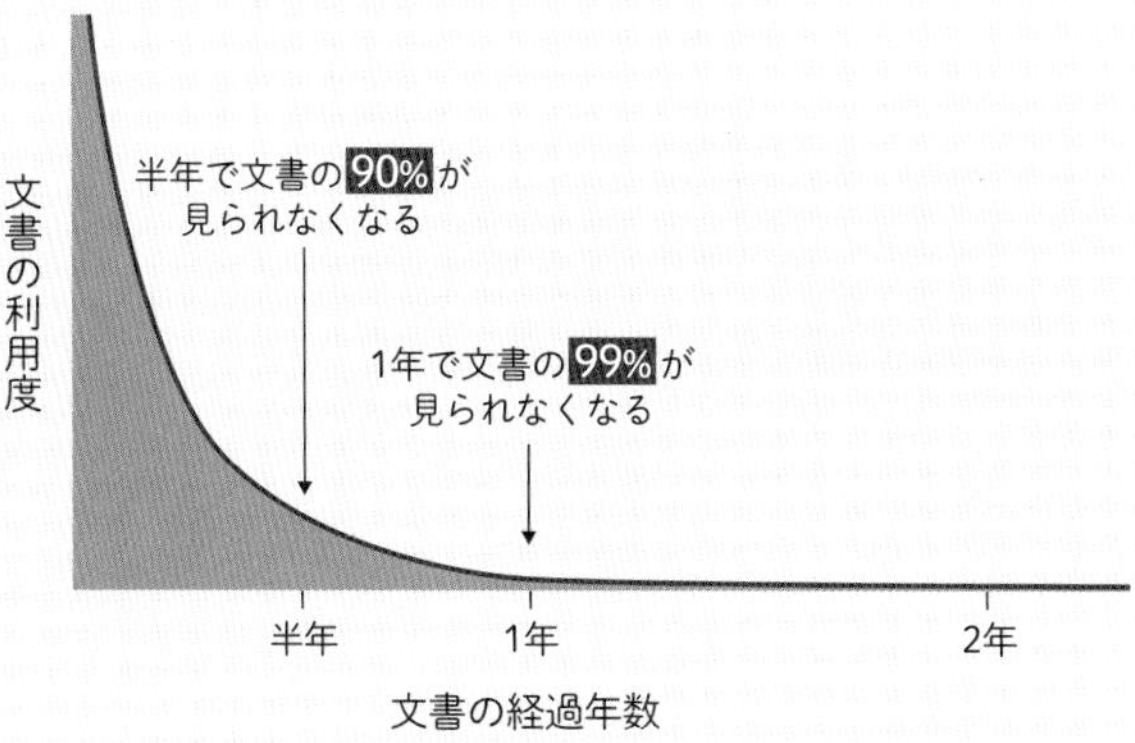

ナレムコの統計

◎暮らしに関する書類……家電の取扱説明書、保証書類、修繕や工事関連（記録など）

◎日常で発生する書類……領収証・レシート類、学校や地域のおしらせ、手紙やＤＭ類

②集めた書類から必要なモノを選び抜く

ここで重要なのは、「捨てる書類」を選ぶのではなく、**「保管する書類」をピックアップする**ということ。

米国記録学会（通称：ナレムコ）の統計によれば、作成・取得された文書のうち、事務員が見るのは、半年後には10％、1年後には1％しかないということが分かりました。

契約書などはのぞきますが、いつか見るかもと思って取っておいた書類は、1年以上経過したら

大分類

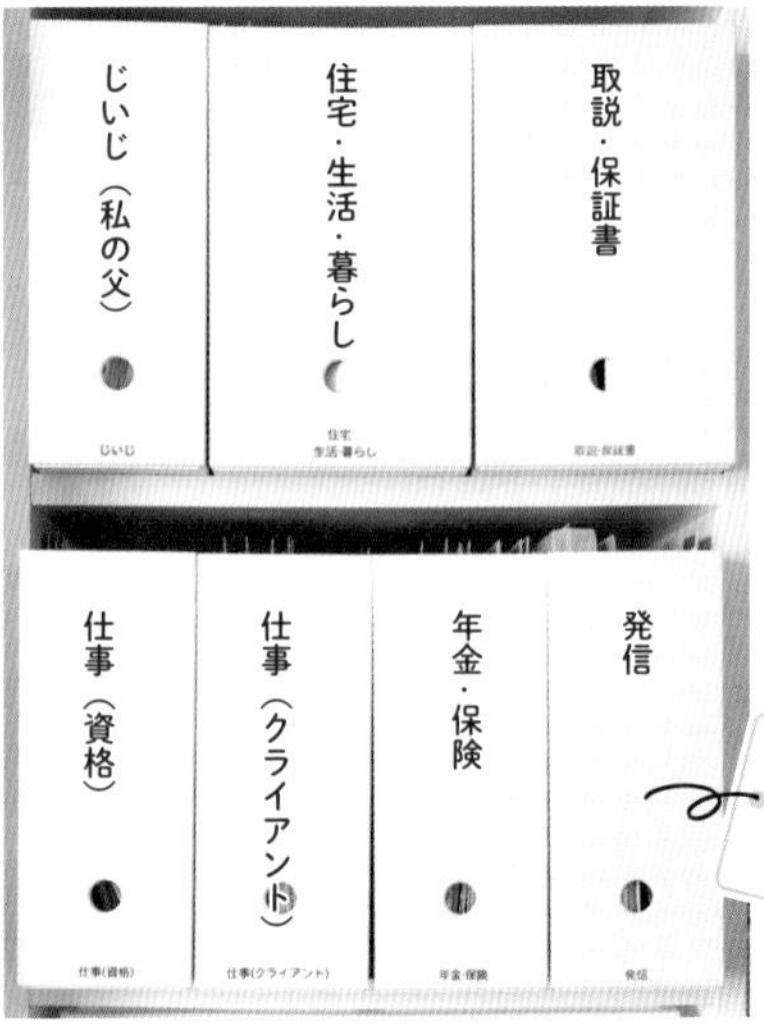

無印良品「ポリプロピレンファイルボックス」

捨てることをおすすめします。

ただし、迷う書類も必ず出てくるでしょう。**迷う場合は、スキャンしておくか、「迷いボックス」というものを使って一時置いておくのもいいでしょう。**

また、かさばって場所を取る**「取扱説明書」は最近は、アプリ「トリセツ」などで一元管理できます。**ただ、スマホでしか見られないので、小さな子どもがいる場合、紙とアプリとの併用がおすすめです。

③ 書類を分類する

残すと決めた書類を**「大分類」→「中分類」→「小分類」**と分けていきます。

「大分類」は「ファイルボックス」で管理しま

中分類

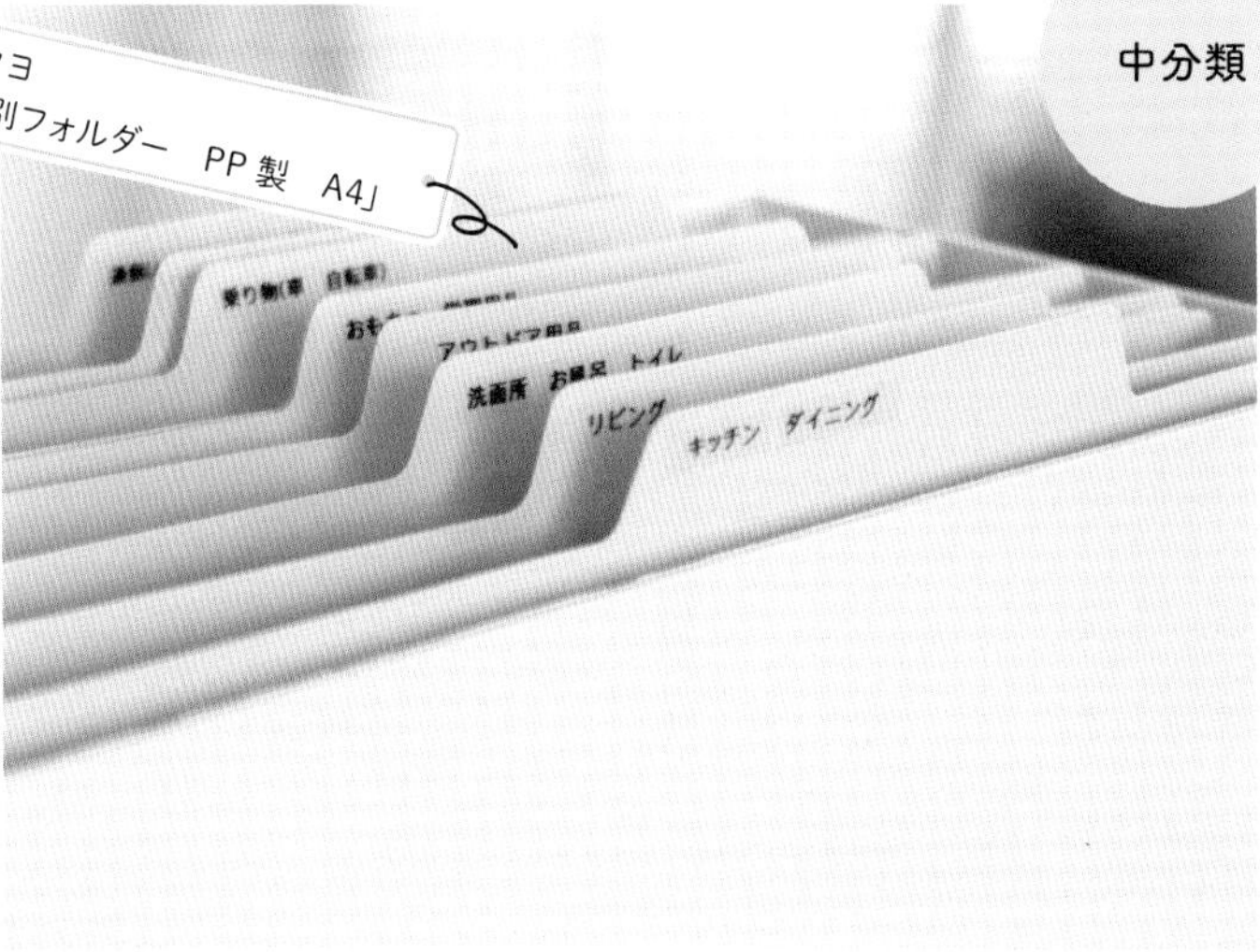

コクヨ「個別フォルダー　PP製　A4」

す。大分類の数だけファイルボックスが必要です。「大分類」の決め方は、家族構成やライフスタイルに合わせて自由に決めてください。

(例)

「年金・保険」「生活・暮らし」「住宅」

「仕事」「趣味」「取説・保証書」

「からだ・病院」「学校」「発信」

「人名（人別に管理する場合）」など

「中分類」はタブ付きの個別フォルダで、「小分類」はクリアファイルで管理します。

我が家では、たとえば取り扱い説明書の場合、「中分類」は〝場所〟別、「小分類」を〝モノ〟にしています。これは逆でもかまいません。どちらか検索しやすいほうを選んでください。

小分類
100円ショップの
クリアファイルに
挟むだけ。
部品は
ファスナー付
透明バッグに
入れる
HITACHI
取扱説明書
付属の部品も
一緒に入れておくと
迷子を防げます
ライオン事務器
「ポッケ de 整理
Just Motto A4」

（例）
【リビング】照明、テレビ、DVDプレーヤー、ゲーム機……
とするか、
【照明】リビング、子ども部屋、風呂場、トイレ、キッチン……

付属の部品などは、極力一緒に入れておくと紛失しないですみますし、後で部品だけがでてきて、何の部品か分からず捨てるに捨てられないという事態を避けられます。

④ラベリングする

書類は、仕組みをつくっても、ラベリングがないと迷子になってしまいます。最初は付箋でも大

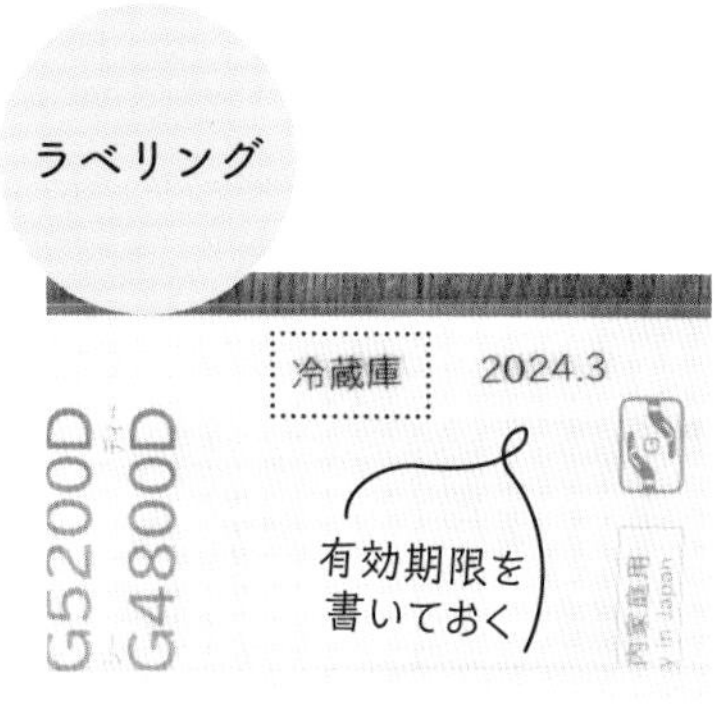

丈夫です。仕組みがかたまれば、ラベルライターを使うのがおすすめです。

「大分類」のファイルボックスには、「大分類」の名前だけでなく、中身の「中分類」まで横に書いておくと、中に何が入っているか、家族も一目瞭然で分かりやすくなるのでおすすめです。

「小分類」のクリアファイルのラベリングは右上が見やすいです。

また、たとえば契約書や保証書など期間があるものは、期間を一緒に書いておくと、期限切れのものを捨てやすくなります。

仕組みをつくるのはパワーがいると思います。しかしいったんつくってしまえば、毎日紙が散らかるイライラからも、書類が見つからない焦りからも解放されると思うので、まずは真似してみてください。書類の整理こそ、仕組みが9割です。

＊本書に掲載している商品は、すべて著者の私物です。
現在入手できないものもあります。
＊本書の家事方法を実践いただく際は、建物や商品などの構造や性質、注意事項をお確かめのうえ、自己責任のもと行ってください。

狭《せま》い家《いえ》でも「ゆとりある暮《く》らし」は仕組《しく》みが9割《わり》

著　者――みくろママ

発行者――押鐘太陽

発行所――株式会社三笠書房

〒102-0072 東京都千代田区飯田橋3-3-1
電話：(03)5226-5734（営業部）
：(03)5226-5731（編集部）
https://www.mikasashobo.co.jp

印　刷――誠宏印刷

製　本――若林製本工場

編集責任者　本田裕子
ISBN978-4-8379-2845-4 C0077